Gamsangersteig
Alpspitze
Mittenwalder Höhenweg
Lamsenspitze – Hochnißl
INNSBRUCK
SOLBAD HALL i.T.
Schönbichler Horn
Sterzing (Vipiteno)
Brixen (Bressanone)
Bruneck (Brunico)
Toblach (Dobbiaco)
MERAN
BOZEN
Via ferrata Marino Bianchi
Via Tomaselli
Via Lipella
Pisciadù-Steig
O. Schuster-Steig
Kesselkogel
Marmolata-Westgrat
Via ferrata degli Alleghesi
Via ferrata Gianni Costantini
Via ferrata Bolver-Lugli
Cortina d'Ampezzo
Predazzo
Cavalese

Klettersteige der Ostalpen

Klettersteige

Frass · Hauleitner
Werner · Höfler

der Ostalpen

Bergverlag Rudolf Rother

50 Eisenwege zwischen Rätikon und Wiener Schneeberg, Wetterstein und Dolomiten

Einband-Farbbild:

Im Aufstieg zum Hohen Tenn,
Steig 24
(Großglockner-Gruppe)
Farbfoto Paul Werner

Innentitel:

Der Kanin, Steig 41, von Norden
(Westliche Julische Alpen)
Foto Hans Wagner

Einband-Rückseite:

Auf der Via ferrata Tissi
(Civetta, Östliche Dolomiten)
Foto Dr. Heinz Höpperger

Die Verfasser der einzelnen Klettersteigbeiträge sind Hilde Frass (27–34, 36, 38), Franz Hauleitner (15–21, 37), Horst Höfler (26, 35, 39), Friedrich Peterka (25, 50) und Paul Werner (1–14, 22–24, 40–49)

Die Übersichtskarten auf dem Vorsatzpapier sind Ausschnitte der Schutzhüttenkarte des ÖAV „Alpenvereinshütten in den Ostalpen“. Sie wurden vervielfältigt mit Genehmigung des Bundesamtes für Eich- und Vermessungswesen (Landesaufnahme), Wien, Zl. L 63 785/76. Die Steige mit den Nummern 13, 15–21, 26, 38 und 39 befinden sich außerhalb der Kartenausschnitte.

ISBN 3-7633-7237-7
Hergestellt in den Werkstätten der Bergverlag Rudolf Rother GmbH, München
(1890 / 70 099)

Anstelle eines Vorwortes

Klettersteige sind Mode geworden. Steighilfen leiten den trittsicheren und schwindelfreien Normalbergsteiger über Felswände, die vordem nur erfahrenen Kletterern zugänglich waren. So erlebt der Bergwanderer die Empfindungen dessen, der im Umgang mit Seil und Haken vertraut ist, die Erfahrung und das Können besitzt, Berge über die „Wege" anzugehen und zu bezwingen, wo sie sich am abweisendsten zeigen.

Gesicherte Steige sind nichts Neues. Die Entwicklung läßt sich weit zurückverfolgen, bis in die sogenannte Goldene Epoche des Alpinismus. So war es nur eine Frage der Zeit, wann über die Eisenwege publiziert wurde, wann der erste Führer einzig über sie vorlag. Frau Hilde Frass aus Bozen erarbeitete 1971 den Führerbestseller „Klettersteige der Dolomiten". Diese hervorragende Journalistin und Bergschriftstellerin ist auch maßgebende Autorin des hier vorliegenden Buches. Eine heimtückische Krankheit hat Hilde Frass die Feder für immer aus der Hand genommen, noch ehe sie alles, was ihr auf dem Herzen lag, in den „Klettersteigen der Ostalpen" niederschreiben konnte. — Vor ihrem für uns Bergsteiger so schmerzlichen Tode hat sie mir die Manuskriptausarbeitung weniger noch fehlender Steige übertragen; ich habe mich bemüht, dieses Vermächtnis, so gut ich dazu in der Lage war, zu erfüllen.

Die weiteren Autoren, Dr. Franz Hauleitner aus Wien und Dipl.-Ing. Paul Werner aus München, sind mit ihren Führern Dolomiten-Höhenwege Nr. 1—3 und Nr. 4—6 bzw. Klettersteigführer Nördliche Kalkalpen im alpinen Schrifttum keine Unbekannten. Während Hauleitners Texte der Sachlichkeit von Hilde Frass nacheifern, lockert die Arbeit Paul Werners die gegebene Strenge mit persönlichen Eindrücken und Erlebnissen auf. Zusätzlich erzählt Fritz Peterka sympathisch von seinen Abenteuern an der Hochalmspitze und am Hochweißstein.

So ist ein abwechslungsreiches Buch entstanden, eine gute Mischung, sowohl in Bezug auf Tourenauswahl und Textgestaltung, eine gewisse Differenzierung und Individualität, wie sie der Bergsteiger liebt. Möge es Anregung sein für viele unbeschwerte Stunden im Gebirge und möge es bei jedem Aufschlagen an die Frau erinnern, der es gewidmet ist: Hilde Frass!

München, im Frühjahr 1978

Für den Bergverlag Rudolf Rother
Horst Höfler

Inhalt

Brenta, Dolomiten, Gardasee-Berge

Nördliche Kalkalpen

Von den Allgäuer Alpen bis zum Wiener Wald — fast überall finden wir heute in den heimatlichen Felsen unserer Nördlichen Kalkalpen lohnende Ziele für Klettersteigliebhaber. Mit der Sicherung schwierigerer Stellen auf vielbegangenen und beliebten Routen wurde auch in den Nördlichen Kalkalpen bereits in der zweiten Hälfte des vorigen Jahrhunderts begonnen. So zählen die Eröffnung des Dopplersteiges am Untersberg, 1876, die Fertigstellung des Heilbronner Weges, 1899, und der Ausbau des Eggersteiges im Wilden Kaiser, 1903, zu den ältesten Klettersteigen überhaupt. Mittlerweile sind — oft nach dem Vorbild der Eisenwege in den Dolomiten — auch in den Nördlichen Kalkalpen schon bald an die vierzig Eisenwege gebaut worden; einige besonders gut gelungene Steige stammen aus jüngster Zeit, weitere sind im Entstehen. Gewiß sind einige Anlagen in den Nördlichen Kalkalpen nur sehr kurz und bescheiden, die Mehrzahl kann nicht mit der Kühnheit sehr vieler Dolomitensteige wetteifern. Dies liegt zum Teil an der unterschiedlichen Gesteinsbeschaffenheit der beiden Kalkalpen-Züge, die ausgeprägten, vielfach waagrecht gelagerten Schichten der Dolomiten sind für Steige dieser Art geeigneter als der zerschlissene Wettersteinkalk. Zum andern Teil aber konnten sich die deutschen und österreichischen Alpenvereine nicht zu jener Aktivität entschließen, die die Sektionen des Club Alpino Italiano beflügelt. Trotzdem brauchen die längsten und anspruchsvollsten Steige unserer Kalkalpen auch einen Vergleich mit den klassischen Eisenwegen der Dolomiten nicht zu scheuen.

Technisch problemlos, aber nur über außergewöhnlich lange Anmärsche zu erreichen, ist der Liechtensteiner Höhenweg, an dessen Begehung man die Besteigung der Schesaplana anknüpft.

Im Allgäuer Hauptkamm ist der alte, drahtseilgesicherte Heilbronner Höhenweg noch immer eine der bekanntesten Bergfahrten überhaupt, hinzu kommt der Bäumenheimer Weg auf den Hochvogel und der erst 1975 eröffnete Mindelheimer Klettersteig, einer der rassigsten unserer Felsensteige.

Leichtere Steige finden sich in der Daumen-Gruppe und in den Tannheimer Bergen. In den Lechtaler Alpen setzt der Augsburger Höhenweg mit seiner ungewöhnlichen Länge und seinen teilweise ausgesprochen hochalpinen Passagen besondere Maßstäbe. Reich an Klettersteigen ist das Wettersteingebirge, hier können die Eisenwege über die Zugspitze vielleicht als das längste ausgesprochene Klettersteigsystem der Nördlichen Kalkalpen gelten. Als schnelle Tagestour wird dank der Seilbahnauffahrt die Überschreitung der Alpspitze auch Anspruchsvolle stets vollauf befriedigen. Auch das Karwendelgebirge kann mit einer stattlichen Reihe sehr schöner Eisenwege aufwarten — vom neu angelegten Mittenwalder Höhenweg im Westen bis zum ras-

„Höhepunkte der Klettersteige in den Nördlichen Kalkalpen" bezeichnet einer der Verfasser – mit Recht – die Eisenwege auf Deutschlands höchsten Gipfel. Und von ihm, von der Zugspitze, bietet sich dieser Tiefblick auf den Höllentalferner, der im Anstieg von Steig 5 überschritten wird. Darüber der Riffelwandkamm mit (von links) Großer Riffelwandspitze, Kleiner Riffelwandspitze und Riffelköpfen. Auf den Östlichen Riffelkopf leiten zum Teil extreme Kletterführen, die zu den schwierigsten im Wetterstein zählen. – Hinter dem Riffelwandkamm der Waxensteinkamm, ganz rechts der Kleine Waxenstein, links davon Zwölfer und Großer Waxenstein. In der Tiefe Garmisch-Partenkirchen.

sigen Steig auf Lamsenspitze und Hochnißl im Osten. Auch auf den höchsten Gipfel, zur Birkkarspitze, führt ein eher bescheidener Klettersteig, empfehlenswerter sind hier vielleicht der hochromantische Freiungen-Höhenweg und der Südanstieg auf den Bettelwurf.

Der Wilde Kaiser, „Hausgebirge“ der Münchner Kletterspezialisten, hat für den Klettersteigliebhaber fünf empfehlenswerte Steige zur Wahl.

In den Berchtesgadener Alpen bieten Watzmann und Hoher Göll die schönsten Erlebnisse auf bayrischem Boden, von Süden bereichern Hochkönig, Hochseiler und Schönfeldspitze die Palette auf österreichischem Gebiet. Schließlich ist das Dachsteinmassiv der großartige Abschluß für das touristische Nah-Einzugsgebiet aus dem bayrischen Raum.

Der idyllische Traunstein ist hingegen als alpine Überraschung für Salzkammergut-Urlauber zu empfehlen.

1 Schesaplana, 2965 m, Liechtensteiner Weg

Zauberhafte Rätikon-Landschaft

TOURISTISCHE ANGABEN

Ausgangs- und Stützpunkte: Malbun, 1600 m (Sessellift auf das Sareiser Joch); gut asphaltierte Straße von Vaduz; Nenzinger Himmel, 1370 m, Schotterstraße von Nenzing (auf der Strecke Bludenz – Feldkirch), für Kfz. gesperrt; Pfälzer Hütte, 2108 m, am Bettlerjoch, auf der Grenze Österreich-Liechtenstein, bew. von Mitte Juni bis Ende Sept., 23 B, 50 L; Mannheimer Hütte, 2679 m, am N-Rand des Brandner Gletschers, bew. von Anfang Juli bis Ende Sept., 33 B, 100 L.

Höhenunterschiede und Gehzeiten: Malbun – Pfälzer Hütte ↗ 500 m; Sareiser Joch – Pfälzer Hütte ↗ 93 m; Nenzinger Himmel – Pfälzer Hütte ↗ 738 m; Pfälzer Hütte – Schaflochsattel ↗ 600 m (viele Gegenanstiege); Bergstation Sessellift am Sareiser Joch – Pfälzer Hütte 1½–2 Std. (von Malbun über das Vaduzer Tal zu Fuß zur Pfälzer Hütte 2¼ Std.); Pfälzer Hütte – Mannheimer Hütte (Liechtensteiner Weg) 4½–5 Std. (in umgekehrter Richtung 3½ bis 4½ Std.); Nenzing – Nenzinger Himmel zu Fuß 4–5 Std.; Nenzinger Himmel – Pfälzer Hütte 2–2½ Std.; Nenzinger Himmel – Spusagang – Straußsteig – Mannheimer Hütte 4½–5 Std.; Übergang Nenzinger Himmel – Malbun über das Sareiser Joch 2½–3 Std. (in umgekehrter Richtung bei Sesselliftbenützung kürzer).

Schwierigkeiten: Hochalpine Steiganlage, Trittsicherheit und viel Ausdauer erforderlich, Schwindelfreiheit nötig. Bei guten Bedingungen technisch problemlos. Bei Nebel am Gletscher Orientierungssinn erforderlich.

Mit dem Liechtensteiner Weg auf den höchsten Gipfel des Rätikons beginnt die Auswahl der „Klettersteige der Ostalpen“. Rätikon – gehört der nicht zu den Zentralalpen? Mit Recht wird sich so der alpin geschulte Leser fragen, zumal selbst Walther Flaig sein umfassendes Alpenvereinsführerwerk über diese Gebirgsgruppe den Zentralalpen zugeordnet hat. Allerdings geschah dies nach ausschließlich geografischen Gesetzen; die Gesteine des Rätikons lassen vielmehr eine Zugehörigkeit zu den Nördlichen Kalkalpen rechtfertigen. Deshalb wurde der Liechtensteiner Weg in diesem Buch nicht den Zentralalpen zugeordnet. Der Charakter des Anstieges unterscheidet sich auch sehr deutlich von gesicherten Wegen wie auf den Hohen Tenn oder auf das Schönbichler Horn.

Walther Flaig schreibt darüber in seinem Alpenvereinsführer: „Sehr lohnender, landschaftlich großartiger Übergang entlang des Rätikon-Hauptkammes. Großteils alpine Steiganlage, teilweise in steilen Fels gesprengt und versichert; dort nur für trittsichere, ganz schwindelfreie Bergtouristen anzuraten und bei Schlechtwetter zu meiden ... “ Wie würden wir diesen Weg erleben?

Über einen Wald von Latschen schwebten wir mit dem Lift zum Sareiser Joch, 2015 m, empor. Während die Sommerfrischler dem noblen Berglokal zustrebten, faszinierten mich sofort die bizarren Felsnadeln und Felstore in der Südflanke des letzten, nordseitigen Gratgipfels; wilde Erosionsgebilde, ähnlich den Bozener Erdpyramiden. Im Osten aber, in unerreichbar scheinender Ferne, lockten die Felsburgen der Schesaplana; schwarze Wandabstürze im Gegenlicht der Morgensonne. Schweren Herzens verzichtete ich auf eine ausgedehnte Fototour in den nahen Felsenzirkus, das hätte den halben Tag gekostet.

Eine aussichtsreiche Gratwanderung führte zur vielbesuchten, gepflegten Pfälzer Hütte mit der Fahne Liechtensteins. Nach den luftigen Grasbändern des Naafkopfes folgte eine einsame, lange Wanderung durch plattengefüllte Karböden. Endlich standen wir am Großen Furkapaß neben der Schweizer Grenztafel, zum erstenmal rückte hochalpines Gelände in erreichbare Nähe. Die riesige Südflanke überraschte uns mit einem sanft steigenden, gutmütigen Felsband, aber der Berg rächte sich bald für die allzu gemütliche Genußwanderung: Ein steiler Serpentinenpfad über eine gräßliche Schuttreise mußte den mangelnden Höhengewinn wettmachen.

Am rundlichen Grathöcker erwartete uns ein Nahblick in die Nordwände des Panüeler Kopfes, der einen das Gruseln lehren könnte! Über zunächst fast ebenes Schutt- und Firngelände stiegen wir nun endgültig in die Südwand des Salaruelkopfes hinein: Ein teilweise künstlich herausgehauenes Felsband, ausreichend gesichert, hunderte

Meter tiefer der Karboden, ein berauschend schöner Weg! An seinem Ende eine massive, gußeiserne Grenztafel, von Urgewalten verbogen, und ein überraschender Szenenwechsel: Ein riesiges, sanft geschwungenes Firnfeld nahm uns auf. Wir stiegen begeistert auf den verfirnten Gratkopf rechts hinauf und genossen überwältigt den Blick über eine monumentale Arena aus Schnee, Eis und Felszinnen! Im Osten bäumten sich Gesteinsschichten wie Blätterteig zur Gipfelpyramide der Schesaplana, tief unter uns, am fernen, gegenüberliegenden Felsrand jenseits der Gletschermulde, schienen sich die Konturen der Mannheimer Hütte immer wieder im chaotischen Blockgewirr zu verlieren. Im Westen das von Firnfeldern durchsetzte Felsplateau des Panüeler Kopfes. Nach genußvollem Spaziergang über den gutmütigen Brandner Gletscher sahen wir uns das Panorama der Nordseite an: ein wirklich unvergleichlicher Rahmen für eine Berghütte! Später ein unvergeßlicher Sonnenuntergang auf einer der Zinnen in der Felsumrahmung, dann ein gemütlicher Abend in fast 2700 m Höhe. Am nächsten Morgen hatten wir noch einmal Glück mit dem Wetter: Tiefblauer Himmel, knirschende Eiskristalle unter den Schuhen, ein Gletschergang in flirrendem Morgenlicht, ein kurzer Anstieg über den gutmütigen, breiten Südrücken der Schesaplana, dann standen wir schon auf dem höchsten Gipfel des Rätikons. Bald waren wir wieder am Gletscher und gedankenverloren querten wir hinüber zum Schafloch.

Aus der verabredeten, kurzen Rast an diesem markanten Wegpunkt wurde eine volle Abschiedsstunde – nur mit Wehmut trennten wir uns von der Hochregion und stiegen wieder über die vielen Landesgrenzen hinab; die „Grenzgängerei" erheiterte uns allmählich so, daß wir noch einen Abstecher auf den Naafkopf, das klassische Dreiländereck, unternahmen.

Auf dem Liechtensteiner Weg. Querung auf einem luftigen, gesicherten Band kurz vor dem Schaflochsattel – Grenze zwischen Schweiz und Österreich.

Der Heilbronner Weg

2

Ein Steig mit großer Tradition

Vor Jahren wurde mir ein Farbfoto vom Heilbronner Weg gezeigt: Da war ein breites Felsband zu sehen, auf dem sich Touristenkolonnen aneinander vorbeidrängten. Ein anderes Bild gab die Stimmung eines Wettersturzes wieder: Schneesturm, Nebel, verschwimmende Konturen, unförmig vermummte Gestalten in bedrängter Haltung; das Foto drückte tiefe Einsamkeit und Verlassenheit aus. Beide Male Abbilder vom Heilbronner Weg. Wo liegt die Wahrheit?

Ich versuchte es an einem Wochentag während der Hochsaison herauszubringen. Der Wetterbericht ließ wieder einmal alles offen. Nach 12 km Fußmarsch durch das Stillachtal erreichte ich Einödsbach, den südlichsten, ständig bewohnten Ort Deutschlands. Die Westwand der Trettachspitze, die Nordwände von Mädelegabel und Hochfrottspitze ragten über steilen, grünen Halden hoch über der schmalen Talstufe auf. Auf gemütlichen Wegen durch Wald und Almgelände begann ich den dreieinhalbstündigen Aufstieg zur bekannten Rappenseehütte. Wenn man den Führerwerken glauben darf, verfügt dieser Stützpunkt über 46 Betten, 160 Matratzen und 20 Lager, dennoch gibt es Übernachtungsrekorde von 600 bis 700 Personen! Dazu können noch einige hundert Nächtigungen auf den anderen umliegenden Hütten kommen! Mit gemischten Gefühlen sah ich also dem Abend und der Hüttennacht entgegen, zumal ich immer wieder Gruppen von Bergsteigern überholte, die offensichtlich das gleiche Ziel verfolgten. Tatsächlich erlebte ich später bei gröhlenden Gesängen, schwappenden Bierkrügen und lautem Kartenspiel noch eine wüste Hofbräuhaus-Stimmung. Doch nur wenige Minuten vom Lärm der überfüllten Hütte entfernt konnte ich am Großen Rappensee einen unvergeßlichen Sonnenuntergang in völliger Einsamkeit genießen. Während die Sonne hinter den Zacken der Schafalpenköpfe verschwand und sich der Wasserspiegel scheinbar von tiefem Rot in bleiernes Grau verwandelte, sah ich zwei Murmeltieren bei ihrem possierlichen Treiben zu.

Am nächsten Morgen dumpfes Geschirrklappern, gedämpfte Stimmen, Andrang im Waschraum, Anstellen zum Frühstück – eine erstaunliche, fast militärische Organisation bewältigte spielend die Probleme. Bald stapfte ich in den wolkenverhangenen Morgen, noch völlig allein. Am Fuße der zerklüfteten Wände entschloß ich mich zu einem Abstecher auf das Hohe Licht, erreichte über breite, schottrige Felsbänder in der Westflanke den rundlichen Grat und stand nach kurzem Gang über Geröll und Blockwerk am Gipfelkreuz. Zwischen Wolken und windgepeitschten Nebelfetzen erlebte ich Ausschnitte aus einem felsstarrenden Panorama.

Beim Abstieg vom Hohen Licht klang mir lebhaftes Stimmengewirr aus der nebelverhüllten Tiefe entgegen. Im engen Heilbronner Törl, dem markantesten Punkt des Aufstieges, begegnete ich der ersten Gruppe Weitwanderer. Windstöße verrieten die

TOURISTISCHE ANGABEN

Ausgangs- und Stützpunkte:
Oberstdorf, 815 m; Lechleiten, 1541 m, im hintersten Lechtal (Tirol); Einödsbach, 1113 m (Busverbindung bis Birgsau, Pferdewagen auch bis Einödsbach); Rappenseehütte, 2091 m; bew. 20. 6. bis 15. 10., 46 B, 160 M, 120 L; Waltenberger-Haus, 2084 m, bew. Pfingsten bis Anfang Oktober, 16 B, 44 M; Kemptner Hütte, 1846 m; bew. 15. 6. bis Mitte Oktober, 82 B, 180 M, 50 L; Enzianhütte, 1710 m.

Höhenunterschiede und Gehzeiten:
Oberstdorf – Einödsbach ↗ 300 m; Einödsbach – Rappenseehütte ↗ 978 m; 3 1/2 Std.; Rappenseehütte – Hohes Licht ↗ 560 m; 2 1/2 Std. Rappenseehütte – Große und Kleine Steinscharte – Östliche Bockkarscharte 3–3 1/2 Std.; Östliche Bockkarscharte – Kemptner Hütte 2 1/4 Std.; Abstiege vom Grat zum Waltenberger-Haus 1 Std.; Waltenberger-Haus – Einödsbach 1 1/2 Std.

Schwierigkeiten:
Bei normalen Verhältnissen technisch anspruchslos, jedoch wegen großer Höhenlage bei Wetterumschwung problematisch.

Die Trettachspitze, kühner Wächter des Heilbronner Weges. Sie zeigt hier ihre Südwand, durch die eine Kletterroute des dritten und vierten Schwierigkeitsgrades leitet.

Nähe der Kleinen Steinscharte, die letzten Wegstrecken des Nordanstieges lagen noch eisgepanzert, ich war froh um die guten Seile. Die trockene Südflanke überraschte mit prächtigen, gut gesicherten Felsbändern, am Steinschartenkopf fand ich die vielfotografierte Eisenleiter, wo Familienväter gerade ihren Anhang für ein Gruppenbild „ordneten". Über den breiten Felsgrat ging's nun, vorbei am Wilden Mann, zur Socktalscharte, einem engen Einschnitt im Gratverlauf. Ein breiter Geröllstrom öffnete sich nach Norden — bei Wettersturz idealer, schneller Fluchtweg zum Waltenberger-Haus. Auf Felsenserpentinen stieg ich wieder empor über die breite, gleichmäßige Platte zum Bockkarkopf und auf dem folgenden Weg in der Nordflanke erblickte ich zwischen einzelnen Wolkenlöchern immer wieder gewaltige, dunkle Kare, weite Schneefelder und steile Felsrinnen, dazwischen, im aufsteigenden Nebel, plötzlich die drohend aufragenden Konturen eines Felsturmes. Aus dem Wolkenmeer ragte die Trettach für Augenblicke wie eine Dolchklinge zum Himmel empor.

Über den Bockkarkopf gelangte ich zunächst zur Westlichen Bockkarscharte, dann über eine weitere Einschartung schließlich zur Östlichen Bockkarscharte, dem Ende des eigentlichen Klettersteiges. Hier traf ich wieder auf größere Gruppen von Bergsteigern — Brotzeit, Erfahrungsaustausch, Wetterprognosen, ruheloses Kommen und Gehen. Die letzte Gruppe brach fröstelnd auf, dann war eine Viertelstunde Stille. Windböen aus dem scheinbar leblosen Grau der Südflanke jagten auch mir Kälteschauer über den Rücken.

Beim Abstieg hatte ich nicht die geringste Lust, einen Vergleich zu meinen Vorurteilen zu ziehen. Was ich in Erinnerung behielt: Ein technisch eher problemloser Weg, aber dennoch ein faszinierender Gang auf hochalpinen Gratrücken — das Erlebnis einer schwermütig-erhabenen Öde in einer grandiosen, weiträumigen Hochgebirgslandschaft.

Der schnelle Abstieg zum Waltenberger-Haus über die große Schuttreise, vor allem aber der endlos lange, steile Weg durch das Bacherloch rückte noch einmal die riesigen Dimensionen dieser Bergkette ins rechte Licht; Lawinenreste in einer Steilschlucht reichten selbst im Hochsommer bis tief in die Waldregion herab.

Der Heilbronner Weg teilt das Schicksal aller Modewege oder -berge: Der Massentourismus hat sich seiner bemächtigt. Nicht enden wollende Bergwandererkarawanen bewegen sich in beiden Richtungen, „Wartezeiten" an etwas kniffligeren Stellen sind keine Seltenheit. Trotzdem gehört es für einen Ostalpenbergsteiger schon fast zum guten Ton, wenigstens einmal den vielgepriesenen Höhenweg von der Rappenseehütte zur Kemptner Hütte oder umgekehrt begangen zu haben.

3 Der Mindelheimer Klettersteig

Ein Paradestück der Allgäuer Alpen

TOURISTISCHE ANGABEN

Ausgangs- und Stützpunkte: Oberstdorf, 815 m; Mittelberg im Kleinen Walsertal, 1219 m; Mindelheimer Hütte, 2058 m, bew. Mitte Juni bis Ende Sept., 180 Schlafplätze, Winterraum mit AV-Schlüssel im Altbau (12 L); Fiderepaß-Hütte, 2065 m, bew. von Pfingsten bis Mitte Okt., 100 Schlafplätze, kein Winterraum.

Höhenunterschiede und Gehzeiten: Mittelberg – Mindelheimer Hütte bzw. Fiderepaß-Hütte ↗ etwa 840 m, Birgsau – Mindelheimer Hütte bzw. Fiderepaß-Hütte ↗ je etwa 1210 m; Hütten – Nördl. Schafalpenkopf ↗ etwa 260 m.
a) Zur Mindelheimer Hütte: Von Mittelberg durchs Wildental 3 Std., durchs Gemstelbachtal $4^1/_2$ Std., von Birgsau durchs Rappenalptal 4 Std., von der Rappenseehütte über Mützentobel, Biberalpe und Schorfenpaß 3–4 Std.
b) Zur Fiderepaß-Hütte: Von Mittelberg durchs Wildental in 3 Std., von der Bergstation der Fellhornbahn oder Kanzelwandbahn über die Kühgundalpe in je 2 Std., von der Talstation der Fellhornbahn über Schlappoldhöfle, Warmatsgundalpe und Kühgund $3^3/_4$ Std., von der Bergstation der Söllereckbahn über Söllereck, Schlappold, Fellhorn und Kühgundalpe $4^1/_2$ Std.
c) Klettersteig von Hütte zu Hütte 3–$3^1/_2$ Std.

Ungemein luftige Passagen geben dem Mindelheimer Klettersteig eine besondere Würze.

Schon lange hatte ich auf diesen Tag gewartet – jetzt war es endlich so weit – der von mir mit großer Spannung herbeigesehnte Mindelheimer Klettersteig wurde nach dreijähriger Bauzeit fertiggestellt. Nahezu einhunderttausend Mark Baukosten hatten die Arbeiten verschlungen, eine unglaubliche Summe für so ein Unternehmen!

An einem schwülen, wolkenverhangenen Morgen brach ich als einer der ersten von der Fiderepaß-Hütte auf und wanderte auf dem Steig über das Geröllfeld unterhalb der Wände des Nördlichen Schafalpenkopfes empor in die nahe Saubuckelscharte. Ein schmaler, blaßroter Sonnenstreifen am Horizont erlaubte die letzten Fernblicke unter der Wolkendecke. Der gesamte, felsstarrende Allgäuer Hauptkamm lag im Osten vor mir, im Süden öffnete sich aus den Nebeln ein kurzer Blick auf die Lechtaler Alpen, im Westen erkannte ich die dunstverhangenen Umrisse der Walser Berge.

Nach einer kurzen Strecke leicht bergab wies eine nagelneue Wegtafel aufwärts zu den zerklüfteten Nordabstürzen des Nördlichen Schafalpenkopfes. Zwei hohe, luftige, aber tadellos in den Fels verankerte Eisenleitern führten über die bröckeligen Steilabbrüche sehr schnell in eine Scharte neben dem ersten Gipfel, auf dessen Südseite eine Drahtseilsicherung über einen felsigen Hang weiterführte. Noch eine kurze Leiter, dann folgte eine längere Gratpartie, schließlich auch die kleine Eisenleiter-Brücke, die ich schon am Vorabend im letzten Licht von der Hütte aus über einer Felsscharte glitzern gesehen hatte. Nun wechselte der Steig durch eine tiefere Scharte auf die südöstliche Seite des Grates, überwand nochmals ein felsiges Steilstück westwärts und führte geradewegs an eine steil abfallende Felswand heran, gute zwanzig Meter Eisenbügel leiteten senkrecht in die Tiefe – eine der unvergeßlichen Überraschungen dieser herrlichen Felsstrecke. Ich stand nun in einer Mulde, die zu Rast und Ausblick wie geschaffen schien – doch die Spannung war größer, lag doch der schönste, luftigste und auch schwierigste Abschnitt vor mir – der Steilanstieg auf den Mittleren Schafalpenkopf! Durch einen kleinen Kamin stieg ich also weiter auf einen steilen Felssteig, der bald über eine schräge Trittleiter westwärts weiterführte. Immer spannender leiteten die Drahtseile, Trittstifte und Haltebügel an den steilen Felswänden entlang, unter mir gähnten die Felsabstürze ins hintere Wildental hinab, der Blick schweifte hinaus auf die Dörfer, Hütten und Almen des Kleinwalsertales, deren matt schimmernde Dächer unter dem Dunst der Wolken immer mehr verblaßten. Eine kurze Eisenbrücke führte hinüber an die zerrissenen Felstürme des Gipfels, den ich nach kurzer, gut gesicherter Kletterei im beginnenden Nieselregen schnell erreichte. Ein schmaler Pfad durch grasiges und lehmiges Gelände wies nun hinab in die nächste, weite Mulde im Grat, die wilden Felspassagen schienen verklungen. Ein flacherer Anstieg führte zunächst westwärts, zuletzt auf der Südostseite der Felsflanke, zum Südlichen Schafalpenkopf. Eine letzte Überraschung bot die südwestliche Abstiegsvariante von diesem Gipfel: Eine breite, rassige Steilrinne mit sparsam gesetzten Trittstiften, Eisenbügeln und einer kurzen Leiter führte fast senkrecht hinab auf die grasigen Hänge unter dem Felsfuß. Ein gemütlicher Wanderweg brachte mich nun hinunter zum Kempter Köpfle, einer bescheidenen Felskrone über weiten Wiesenhängen, als einziger Gipfel dieses Kammes mit einem Kreuz geschmückt. Hier ließ ich noch einmal im Rückblick die Erlebnisse der letzten Stunden an mir vorbeiziehen. Ja, wären nicht immer wieder dieses Gras und die lehmigen, zuletzt triefendnassen und glitschigen Pfadspuren an den Gratbuckeln gewesen, man könnte sich — besonders wenn Nebel die Sicht ins Tal verhüllt — glatt um 1000 Meter höher wähnen, irgendwo an den Felszinnen der Tofana di Mezzo vielleicht.

Schwierigkeiten:
Technisch anspruchsvoll, teilweise sehr luftig, Vorsicht bei Nässe (lehmige Wegstellen, Abrutschgefahr). Nichts für Anfänger; Ungeübte und Kinder nur mit Seil- oder Selbstsicherung.

Welch Gegensatz zum Heilbronner Weg! Dort die Weitläufigkeit einer hochalpinen Landschaft mit riesigen Karen, Schneefeldern und massigen Gipfelbauten; eine Wegführung, die immer wieder den Blick in die Ferne lenkt. — Hier das Erlebnis eines schmalen, zerklüfteten Felsgrates zwischen grasigen Steilflanken; ein Steig, der ständig sein Gesicht wechselt und fortwährend für Überraschungen sorgt. Hinter jedem Felstürmchen kann ein Spalt gähnen oder ein unerwartetes Steilwandl aufragen oder der Blick über eine abschüssige Platte ins Leere gleiten. Leitern und Klammern, Seile und Stifte, Brücken und Stege sind mit Sorgfalt, vor allem aber mit Phantasie und Lust an der Sache gesetzt: „.... Sinn einer Bergtour ist nicht schnellste Überwindung der einfachsten Strecke zwischen Ausgangspunkt und Gipfel, sondern Begehung einer Route mit dem höchstmöglichen Erlebniswert ..." Diese Forderung an einen idealen Klettersteig fand ich unter den gegebenen Geländeumständen bestmöglich verwirklicht, als ich schließlich bei strömendem Regen mit einer gemütlichen Bummelei zur nahen Mindelheimer Hütte das Erlebnis dieses Tages ausklingen ließ.

So großartig der Mindelheimer Klettersteig auch angelegt wurde — die Sicherungsmöglichkeiten scheinen nicht an allen ausgesetzten Passagen optimal. Ein parallel zu den Klammern verlaufendes Drahtseil, in das ein Karabiner eingehängt werden könnte, wäre nicht fehl am Platze. An den Klammern selbst wäre im günstigsten Falle ein Klettersteigkarabiner mit übergroßer Öffnung noch brauchbar.

Der Augsburger Höhenweg

4

Traumstraße der Lechtaler Alpen

In der Tat: Den Augsburger Höhenweg als Klettersteig zu bezeichnen, wäre nahezu vermessen. Trotzdem rechtfertigen nicht allein die an schwierigen Passagen angebrachten Sicherungen eine Eingliederung dieser „Traumstraße" in unser Buch. Sie gehört mit zu den hochalpinsten Unternehmen innerhalb der bunten Palette von fünfzig Steigen. Der Begeher des Augsburger Höhenweges ahnt, und ist sich dessen zuletzt sicher, daß die Landschaft Lechtaler Alpen mehr ist als banale Eisenklammern und Seilsicherungen, daß alpine Gefahren nicht allein von lockeren Stiften und ausgefransten Seilen herrühren, sondern auch „vom Berg", von steilen, zu querenden Schneefeldern, von Steinschlag ... So wird die „Traumstraße" zum großen Erlebnis in einem urweltlichen Gebirge, das viele Parallelen zum Karwendel zeigt.

Das Ortsbild von Pians entpuppte sich als entzückendes Ensemble historischer Bauernhäuser; eine alte Römerbrücke, vor der Kirche von Grins das wohl großartigste schmiedeeiserne Grabkreuz im ganzen Alpenraum — der berühmte Barockbaumeister Jakob Prandtauer, 1660 im Nachbarort Stanz geboren, konnte zeitlebens aus dem reichen Formenschatz seiner Jugenderinnerungen schöpfen.

Nur ungern riß ich mich am Spätnachmittag von den alten Bauernhäusern los und stieg drei Stunden lang über steile Kehren zur Augsburger Hütte. Bei gutem Wetter stapfte ich am nächsten Morgen in die schottrige Gasillschlucht hinauf. Als ich am Felsfuß ankam, war der Frühstückstee schon wieder ausgeschwitzt. Nach einer gutmütigen Klettersteigpassage durch die felsigen Wandpartien über dem Kar stand ich in der Scharte zu Füßen der Parseierspitze; eine spröde, brüchige Felsbastion, über mehrere mittelschwere Führen zu bezwingen. Am Ostgrat turnten bereits einige Frühaufsteher herum.

Hier, vor den ersten Schneefeldern, begann die Traumstraße sich zu erfüllen. Unmöglich, die Vielfalt der Eindrücke wiederzugeben, die den Wanderer in den nächsten Stunden erwarten. Einzelne Höhepunkte aber ragen doch deutlich aus dem Schatz der Erinnerungen. Da war einmal der immer spannendere Drahtseilgrat auf den Dawinkopf, der nicht minder interessante Abstieg über die fast immer vereiste Nordflanke, der Gang über die ausladende, riesige Wächte in die Südflanke des Oberen Schwarzen Kopfes. Dann der immer bequemer verlaufende Grat hinab vor die bedrohlich aufragenden Felsabstürze des Eisen- und Feuerkopfes — man hat keine Ahnung — geht es per Drahtseil darüber hinweg, rechts oder links herum? Nun, es ging rechts herum, erst sogar etwas bergab auf schmal getretenem Bändchen; zunächst noch beruhigende Seile, die brüchigen Wandabstürze drüber und drunter bekamen immer erschreckendere Ausmaße — ein Instinkt warnte vor Steinschlag; ein Marterl neben einer sprudelnden Felsquelle — nur mit eingezogenem Kopf, den Blick auf die

TOURISTISCHE ANGABEN

Ausgangs- und Stützpunkte: Grins, 1015 m, oberhalb Pians, 856 m; Flirsch, 1157 m; Schnann, 1180 m; sämtliche Orte im Stanzer Tal zwischen St. Anton am Arlberg und Landeck (Bahnlinie); Augsburger Hütte, 2289 m, bew. Anf. Juli bis Anf. Sept.,12 B, 22 M, 6 N; Ansbacher Hütte, 2376 m, bew. Anf. Juli bis Mitte Sept. 8 B, 40 M, 8 N; Augsburger Biwakschachtel, 2606 m, 4 N.

Höhenunterschiede und Gehzeiten: Grins – Augsburger Hütte ↗ 1274 m; 3–4 Std.; Flirsch – Ansbacher Hütte ↗ 1219 m, 3–4 Std.; Schnann – Ansbacher Hütte ↗ 1196 m, 3½ Std.; Augsburger Hütte – Parseierspitze ↗ 751 m. Augsburger Höhenweg in beiden Richtungen 8–10 Std. (von Hütte zu Hütte); Parseierspitze vom Felsansatz je 1 Std.

Schwierigkeiten: Sehr ernstzunehmender, hochalpiner Höhenweg, bei Schlechtwetter problematisch. Stellenweise Steinschlag und Vereisungsgefahr. Nichts für Anfänger und Kinder!

Sie beherrscht die Anfangsphase des Augsburger Höhenweges, wenn man ihn von der gleichnamigen Hütte aus beginnt: die Parseierspitze, 3040 m, höchster Gipfel nicht nur der Lechtaler Alpen, sondern der gesamten Nördlichen Kalkalpen überhaupt.

nächste Deckung gerichtet, labte ich mich an dem eiskalten Wasser. Bald wich der Steig auf den Gegengrat eines nordseitig abziehenden Felssporns aus, führte dann in der offenen, deckungslosen Flanke steil wieder hinab; die Rinne zwischen den zwei Felsflanken ist fast immer schneegefüllt, hier muß man wohl den Spießrutenlauf im freien Schußfeld der Steingeschoße in Kauf nehmen. So schnell ich konnte, schlitterte ich am Drahtseil über die gefährliche Felsrippe hinunter — da erwartete mich ein neuerliches Hindernis: eine hartschneegefüllte Steilrinne, magere Tritte, kein Seil, keine Eisenstifte. Wehmütig dachte ich an meinen Pickel daheim, doch die steinschlagdrohenden Wände ließen langes Zaudern nicht zu. Also nahm ich mich zusammen und nichts wie hinüber! Das Schlimmste schien nun geschafft — die folgenden Bänder und Schneefelder wurden immer flacher, die bedrohlichen Wände traten zurück; beim Gegenaufstieg über ein riesiges, blockerfülltes Steilkar hörte ich es aus der soeben gequerten Nordflanke noch einmal poltern.

Dem Nordwanderlebnis folgte eine echte menschliche Begegnung: Ich stieß plötzlich auf eine nagelneue Biwakschachtel und traf hier auf den Mann, der vor wenigen Tagen dabei war, als die Biwakschachtel nach tagelangem Aufschub wegen Nebel endlich von einem Hubschrauber eingeflogen wurde. Die Freude über das Gelungene sprudelte noch aus allen Worten: „Zu fünft war' ma, alles Freiwillige, die Kiste wiegt 1,1 Tonnen, das Blech ist 1,5 mm dick, Oberfläche sandgestrahlt, spritzverzinkt, bleimennigegestrichen, Deckenschutz Eisenglimmer . . .“ Während ich seinen heißen Tee schlürfte, bewunderte ich die Inneneinrichtung: kleiner Kochplatz, vier bequeme Liegen, Brillen-Ablagen über jedem Kopfkissen „. . . ja, der Konstrukteur war selber Brillenträger, der hat auch daran denkt' . . .“.

Es folgte nochmals eine nachmittagfüllende Tour, stundenlange Wege quer durch eine gutmütige Südflanke, über felsige Bänder, Rippen hinauf, Schluchten hinunter, eine Bergfahrt für sich, gegen den Vormittag jedoch ein Spaziergang. Im Murmeltierparadies des obersten Grießtales klang das Klettersteigerlebnis endgültig aus, beschauliche Wanderwege führten über Jöcher und Scharten in gemütlichem Auf und Ab zur Ansbacher Hütte. Der Blick zurück zeigte nur die Hälfte des Weges und diese ist schon erstaunlich lang. Wie lang der gesamte Weg ist, erlebte ich erst so richtig, als ich nach stundenlangem Hüttenabstieg einen gutmütigen Mopedfahrer anhalten konnte, der mich wieder bis nach Pians mitnahm: Fast endlos erschienen mir die 15 Straßenkilometer tief drunten im Lechtal.

Auf der „Traumstraße“. Der Augsburger Höhenweg quert hier die Südflanke des Oberen Schwarzen Kopfes.

5 Die Zugspitze, 2963 m

Höhepunkte der Klettersteige in den Nördlichen Kalkalpen

TOURISTISCHE ANGABEN

Ausgangs- und Stützpunkte: Hammersbach, 753 m, 2 km hinter dem westl. Ortsende von Garmisch-Partenkirchen; Ehrwald, 1000 m. Höllentalangerhütte, 1381 m, bew. von Anfang Juni bis Anfang Okt., 12 B, 96 M, WR mit 8 M, Telefon; Knappenhäuser, 1527 m, im Sommer bew., 6 B, 25 M; Klammeingangshütte, 1045 m, Imbiß, keine Übernachtung; Adolf-Zoeppritz-Haus am Kreuzeck, 1652 m, ganzjährig bew., 60 B, 55 M; Schneeferner-Haus, 2650 m, ganzjährig geöffnet, Hotel und Touristenhaus mit insgesamt 100 B, Telefon; Münchner Haus, 2957 m, bew. von Mitte Mai bis Mitte Okt., 17 M; Gipfelhotel der Tiroler Zugspitzbahn, 2950 m, Restauration und Unterkunft, Telefon; Gipfelstationen der Bayer. Zugspitzbahnen, mehrere Imbißmöglichkeiten, Telefon; Wiener-Neustädter-Hütte, 2220 m, im Sommer bew., 24 B.

Flugaufnahme des Zugspitzmassivs. Etwas über der Bildmitte der Zugspitzgipfel, auf dem zwei großartige Klettersteigsysteme enden: jenes von der Wiener-Neustädter-Hütte (über die linke, sonnenbestrahlte Flanke im Vordergrund) und der Anstieg aus dem Höllental, dessen schmaler Einschnitt oberhalb der Bildmitte deutlich zu erkennen ist. Es wird links vom Waxensteingrat und rechts vom Höllentalgrat begrenzt. Rechts am Bildrand der Hochblassen, links von ihm die Alpspitze, darüber die Soiern-Gruppe des Karwendels. Über dem Waxensteingrat das Estergebirge mit dem Wank, vor dem sich Garmisch-Partenkirchen ausbreitet. (Das Bild wurde freigegeben durch die Regierung von Obb., Nr. G/7 87033).

Zugegeben, wenn ich heute die üblichen Werbeprospekte für Garmisch-Partenkirchen und die Zugspitze in die Hand bekomme, frage ich mich: wie kann da einer noch auf die Idee kommen, an diesem Berg echtes Abenteuer zu suchen? Zwei Seilbahnsysteme, eine Zahnradbahn, Skizirkus, Gipfelhotels und Restaurants mit allem Komfort, Sonnenterrassen mit Bikinikult — Mekka für Leute mit ausgeprägtem Konsumverhalten. Deutschlands höchster Berg — nur noch ein Rummelplatz für den Massentourismus?

Seit ich die Klettersteige an diesem Berg kenne, stelle ich die Gegenfrage: Wer von den Tausenden, die sich täglich in die Gondeln der Seilbahn pferchen lassen, weiß denn schon, daß die Zugspitze das längste Klettersteigsystem der Nördlichen Kalkalpen besitzt? Wer weiß schon um die endlosen Moränenfelder unter dem Höllentalferner? Wer ahnt das kilometerlange Drahtseil im Fels, die abenteuerlichen Wegstrecken noch in Rufweite des Gipfels?

Der Steig zieht vom Hochwald bis in die Gipfelregion alle alpinen Register, einige davon läßt er besonders einprägsam und nachhaltig aufklingen.
Ein großes Erlebnis ist schon der Beginn: Die Höllentalklamm, ein düsterer, wildwasserdurchtoster Felsschlund, Tunnelfenster mit atemberaubenden Einblicken in gurgelnde Wasserorgeln, haushohe Eisberge aus Lawinenresten. Es folgt ein stimmungsvoller Rastplatz, die Höllentalangerhütte im gleichnamigen Talkessel; Ausgangspunkt herrlicher Wanderungen und mehrerer bekannter Klettertouren.

Eine rassige Klettersteigpassage überwindet die jäh aufragende Felsmauer des abweisenden Talschlusses, einige besonders markante Stellen behielt ich in bleibender Erinnerung: die „Leiter", die über Steigklammern fast senkrecht 20 m emporführt und das „Brett", wo Trittstifte und ein Haltesteil etwa 40 m über eine völlig glatte Wandstelle hinüberleiten.

Ein endlos scheinendes Moränenfeld und ein immer steilerer Anstieg im Firn des Höllentalferners ließen meine Konditionsmängel empfindlich spürbar werden. Endlich die Randkluft mit neuen Geschicklichkeitsproben: Das Überspreizen des gähnenden Schlundes über eine wacklige, steinschlaggeschundene Eisenleiter. Letzte Verschnaufpause auf einer kleinen Felsterrasse vor dem eigentlichen Gipfelsturm; die dicken, vertrauenerweckenden Seile rücken das Gipfelglück in greifbare Nähe. In der Tat, es geht zügig, genußvoll und sicher über die Felsflanke empor, doch da kann noch eine böse Überraschung kommen: Die letzten Höhenmeter über der Irmerscharte, reine Nordwandpartie, zwar ohne technische Probleme, doch oft tief in den Sommer

Höhenunterschiede und Gehzeiten:
Hammersbach – Höllentalangerhütte ↗ 630 m, 2 bis 2½ Std.; Höllentalangerhütte – Zugspitzgipfel ↗ 1580 m, 5–6 Std.
Abstiege: Über die Höllentalangerhütte bis Hammersbach 5–7 Std., über die Wiener-Neustädter-Hütte nach Ehrwald 3½–4½ Std.; über die Wiener-Neustädter-Hütte zum Eibsee 4–5 Std.; übers Zugspitzgatterl nach Ehrwald 4–5 Std.; über die Knorrhütte zur Partnachklamm 5–6 Std.

Schwierigkeiten:
Als Tagestour äußerst anstrengend; teilweise ausgesetzt, einige Passagen sehr luftig („Brett", im Abstieg sog. Winterweg von der Stütze V zur Mittelstation). Gefahr bei Blitzschlag und Wetterumschwung! Bei Nebel Orientierung im Kar und am Höllentalferner sehr problematisch.

Unterwegs zur Zugspitze. Die Bergsteiger queren das „Brett", eine der beeindruckendsten Passagen des Höllentalanstieges, die zum „Grünen Buckel" leitet.

hinein mit Eis und Schnee gepanzert. Hier, in Rufverbindung mit dem Gipfel, ist schon mancher umgekehrt, wenn das sichernde Drahtseil unter meterhohem Schnee begraben lag!

Doch jetzt, im Hochsommer, waren auch die letzten Nordwandmeter bis auf kleine Schneereste ausgeapert; ich genoß den überraschenden Tiefblick auf den Eibsee und erreichte — nach sechsstündigem Aufstieg — in einem letzten kurzen Kraftakt das Gipfelkreuz auf dem höchsten Felszacken Deutschlands.

Während der ausgiebigen Gipfelbrotzeit vor dem gemütlichen Münchner Haus versuchte ich mir vorzustellen, was wohl die Erstbesteiger hier erlebt haben müssen. Im Auftrag des „Königlich bairischen Topographischen Bureaus" begann man 1820 erstmals, auch den Grenzverlauf über den Zugspitzgrat genau zu vermessen. Das bedeutete den Vorstoß in ein bis dahin völlig unbekanntes Felsrevier, von dem man damals allgemein nur Schreckliches befürchtete. Im ersten Anlauf führte Leutnant Naus sein Arbeitskommando von der Angerhütte über den großen Schneeferner immerhin bis „an die Grenze hinter der Zugspitze, wo man schon nach Ehrwald hinabsieht".

Hier kehrten die Zaghaften um, doch Naus stieg mit zwei Begleitern weiter und erreichte nach zwei Stunden banger Ungewißheit als Erster den Gipfel. — Welche Einsamkeit muß damals diese drei kühnen Männer hier umfangen haben! — Für den Abstieg wählte ich den Klettersteig hinunter zur Wiener-Neustädter-Hütte. Drahtseile führten über Rippen und Rinnen durch das breite Felskar zu der überraschenden Schlüsselstelle vor dem Kar: Der „Stopselzieher", ein steiler, natürlicher Felsstollen, heute mit Eisenklammern gut gangbar gemacht, ist in aller Regel das Dessert des überreichen Klettersteigmenüs. Aber auch dieses Felswunder war nicht die letzte Überraschung, sondern der wirklich schwindelerregende Abstieg über den lawinensicheren „Winterweg" von der Stütze V zur Stütze IV. Eine wahre Himmelsleiter, die vielleicht exponierteste Klettersteigpassage in den Nördlichen Kalkalpen!

Ein langer beschaulicher Abstieg zum Eibsee beschloß den ausgefüllten Zwölf-Stunden-Tag — ein Tag voller Überraschungen, der jeden Eisenweg-Liebhaber voll zufriedenstellen wird.

Die Alpspitze, 2629 m

6

Das Wahrzeichen von Garmisch-Partenkirchen

Am Samstagabend ein hoffnungsloser Wetterbericht, am Sonntagmorgen aber strahlendes Föhnwetter — was tun, wenn man bis 7 Uhr, vielleicht sogar bis 8 Uhr geschlafen hat? Für den Münchner und den noch südwärtigeren ist da guter Rat nicht allzu teuer. Ein schneller Entschluß und die Alpspitze kann, dank der — einerseits leider — großzügigen Erschließung immer noch eine sehr lohnende Hochgebirgsfahrt werden.

Ein Bergfreund aus Wien war zu Besuch. Wegen des angekündigten Island-Tiefs hatten wir das Wiedersehen sehr ausgiebig genossen. Es war halb neun, als wir auf die Autobahn einbogen, die Miene des Freundes zeigte unverhüllte Skepsis. Um halb zehn parkte ich vor der Seilbahnstation. Den beliebten Aufstieg über die „Schönen Gänge" ließen wir diesmal „links liegen" und fuhren gleich auf den Osterfelderkopf, 2033 m. Von hier sind es wirklich nur Minuten bis zur Alpspitze-Nordwand.

Der neue Steig, Anmarschweg der Bequemen und Eiligen, leitet über zwei künstliche Tunnels, bequeme, breite, gutgesicherte Bänder, zwei harmlose Leitern und schon ist das Oberkar erreicht. Im Gegenlicht der langgestreckte Ostgrat — gut zwei bis drei Dutzend „Frühaufsteher" waren vor uns! Tief unter uns strebten noch immer einige Nachzügler empor und auch mitten in den „Schönen Gängen" sah man deutlich mehrere rotkarierte Hemden. Am Ostgrat öffnete sich der Blick ins Grieskar und auf große Teile des Wettersteinkammes — die Bedenken meines Freundes, das ganze werde höchstens eine „Latschen-Hatscherei" in die Vorberge sein, waren nun endgültig zerstreut.

Viertel vor Zwölf war es auf dem Gipfel — ein ganzer, herrlich langer Nachmittag lag noch vor uns, Zeit genug, das Panorama zu genießen und das rege Treiben um das Gipfelbuch zu beobachten. Als wir den Abstieg in Richtung Mathaisenkar antraten, fielen wir offensichtlich etwas aus dem Rahmen: In Minutenschnelle waren wir wieder allein, nur ein einziger Bergsteiger löste sich aus der Gruppe der Gipfelbesucher, um uns zu folgen.

Den kurzen Abstieg über den Südwestgrat gegen die Grieskarscharte erlebte ich einmal mehr als das schönste Stück der gesamten Tour: Gemütliche Bummelpassagen wechseln überraschend mit jähen, kurzen Felsabbrüchen, die nur das Notwendigste an „Eiseneinlagen" enthalten, luftig genug und doch nirgends besonders gefährlich, auch nach leichtem Schneefall noch gangbar. Inbegriff einer genußvollen Grattour. An der Stelle, da die Markierung ins Mathaisenkar weist, trafen wir ein unentschlossenes Grüppchen von Klettersteig-Neulingen: verschüchtert und beklommen blickten sie in die Tiefe, immerhin fast 700 m Ungewißheit bis zum Karboden — ein verwirrendes Felschaos.

TOURISTISCHE ANGABEN

Ausgangs- und Stützpunkte:
Garmisch-Partenkirchen; Hammersbach, 753 m, 2 km von Garmisch; Adolf-Zoeppritz-Haus, 1652 m, am Kreuzeck, ganzjährig bew., 60 B, 55 M; Höllentalangerhütte, 1381 m, bew. Anfang Juni bis Anfang Okt., 12 B, 96 M; Knappenhäuser, 1527 m, im Sommer bew., 6 B, 25 M.

Höhenunterschiede und Gehzeiten:
Garmisch — Alpspitze und Hammersbach — Alpspitze je etwa ↗ 1900 m; Kreuzeck — Alpspitze ↗ 980 m; 3–4 Std.; Osterfelderkopf — Alpspitze ↗ 809 m, 2½–3½ Std.; Alpspitze — Mathaisenkar — Hammersbach 4–5 Std.; Alpspitze — Stuibensee — Kreuzeck 3–4 Std.; Hammersbach — Höllentalangerhütte — Mathaisenkar — Alpspitze 6–7 Std.

Schwierigkeiten:
Nordwandsteig einfach, kaum ausgesetzt, „Schöne Gänge" etwas anspruchsvoller; Aufstieg zum Gipfel ohne Sicherungen, jedoch im allgemeinen problemlos. Abstieg vom Gipfel gegen die Grieskarscharte leichte Kletterei (I) mit den notwendigsten Drahtseilsicherungen, Abstieg ins Mathaisenkar langer, gutgesicherter Klettersteig, bei Nebel im untersten Teil schwierige Orientierung.

Im großartig-wilden Boden des Mathaisenkars unter den Nordwestabstürzen der Alpspitze.

Ich versuchte, ihnen die Gefühlslage des Wegekundigen zu vermitteln: Helle Vorfreude auf ein gesichertes, ungetrübtes Via-ferrata-Vergnügen. Ein kurzer Blick nach dem ersten Stahlseil, dann ging's hinunter in die von der Nachmittagssonne bestrahlte Flanke. An festen Seilen turnten wir bald gemeinsam durch seichte Rinnen und Kaminchen, über flache Rippen und Grate, querten abschüssige Plattenfolgen, dann wieder steile, glatte Wandpartien.

Am Waxensteinkamm hob sich ein Alleingänger scharf vom Gipfelgrat ab, über den Höllentalferner zog eine Gruppe Bergsteiger, wie winzige Punkte, talwärts, einmal keuchte ein schweißtriefender Einzelgänger bergwärts an uns vorbei — sonst waren wir allein in der großen Felsflanke.

Jeder bedauerte es, als wir das letzte Seilstück hinter uns gebracht hatten. Noch fast zwei Stunden Schrofen, Schutt und Latschen, dann konnten wir an der Höllentalangerhütte das Resümee eines in letzter Stunde durch den Föhn „geretteten" Tages ziehen.

Ich habe die Überschreitung einige Male auch schon „von hinten herum" gemacht: wenn man da den Gipfel erreicht, weiß man, was man hinter sich hat, und der gelegentliche „Stoßverkehr" am Gipfel läßt einen dann ziemlich kalt...

Luftige Querung in der großartigen Klettersteiganlage, die vom Südwestgrat der Alpspitze in das Mathaisenkar führt. Im Mittelgrund die Riffelscharte, die den Riffelwandkamm vom Waxensteinkamm trennt. Rechts die Südliche Riffelspitze, in der Mitte der begrünte Riffeltorkopf, links der Grat auf die Kleine Riffelwandspitze. Im Hintergrund die Ammergauer Alpen mit dem Säuling.

Der Mittenwalder Höhenweg

7

Luftige Grattour über dem Geigenbauer-Dorf

Karwendel — für viele Bergsteiger immer noch Inbegriff eines urweltlichen, großartig-einsamen Gebirges. In der Tat — nur die Randgebiete mußten bislang der Technisierung Zutritt gewähren, und es ist zu hoffen, daß dies auch so bleiben möge; besser, daß zu den bereits bestehenden Seilbahn- und Liftsystemen keine weiteren Anlagen mehr hinzukommen. Denn das Karwendelgebirge ist bedroht; von Straßenbauvorhaben (Lamsenjöcher), von Starkstromleitungen mit riesigen Masten, ja selbst von „innen her", wenn ein Hüttenwirt den Bergsteigern gewährt, sich mit Taxis den Fußmarsch durch ein langes Tal zu ersparen.

Unter den vier großen Karwendelketten ist diejenige, die den Mittenwalder Höhenweg trägt, die nördlichste. Sie wird von gewaltigen Gipfeln gebildet, deren höchster die Östliche Karwendelspitze ist. Ein einsamer Berg, besonders seine teilweise äußerst schwierigen Nordwandanstiege, die kaum je durchklettert werden. Die Westliche Karwendelspitze, in deren Nähe der Mittenwalder Höhenweg beginnt, würde einem Vergleich, welcher der beiden Berge der alpinere wäre, kaum standhalten. Trotzdem ist sie heute die Berühmtere — bis zu ihrem Gipfelaufbau mit einer Seilbahn erschlossen.
Wenn aber in Gottes Namen schon einmal eine Seilbahnanlage besteht, so ist es eine Verpflichtung von Seiten der entsprechenden Betriebsgesellschaften, mit Hilfe der zuständigen Alpenvereinssektionen dafür zu sorgen, daß auch das die Bergstation umgebende Wegenetz dem nunmehr einsetzenden Massentourismus gerecht wird. Mit dem Bau des Mittenwalder Höhenwegs wurde diese Aufgabe gründlich gelöst: es ist einer der landschaftlich attraktivsten Klettersteige in den Nördlichen Kalkalpen entstanden.

Der Verbindungsgrat zwischen Westlicher Karwendelspitze und Brunnensteinspitze war bis vor wenigen Jahren touristisches Niemandsland, nur wenigen Kletterpartien bekannt; nur der Heinrich-Noe-Weg führte tief in der Westflanke der Bergkette zur Brunnensteinhütte, querte aber den Grat nur einmal an der tiefsten Stelle.
Dies ist seit 1973 anders geworden. Begonnen hat es mit dem Bau der Karwendelbahn, einem seinerzeit sehr umstrittenen Projekt. Ich erinnere mich noch deutlich an die stillgelegte Baustelle der Bergstation; wie ein verlassenes Goldgräber-Camp standen die Bauhütten jahrelang in der Karwendelgrube, ragten rostende Stützenfragmente wie Fragezeichen zum Himmel. Schließlich wurde die Bahn doch gebaut, es folgte der Ausbau von Zubringerwegen ins Dammkar, zuletzt sogar ein Tunnel — und 1972 begannen zwei Mittenwalder Bergführer mit Preßlufthämmern den Klettersteigbau. Neugierig besuchte ich noch im selben Spätherbst die „Baustelle": An jenem bekannten deutsch-österreichischen Grenzstein, wo der Spazier-Rundgang um die Karwendelgrube gipfelte — zuvor ein Wagnis, hier weiter als 40 oder 50 m

TOURISTISCHE ANGABEN

Ausgangs- und Stützpunkte:
Mittenwald (Talstation der Karwendelbahn), 913 m.

Stützpunkte:
Bergstation der Karwendelbahn, 2244 m, Restaurant, keine Übernachtung; Tiroler Hütte, 2100 m, im Sommer bew., 6 L; Brunnensteinhütte, 1560 m, im Sommer bew.; Mittenwalder Hütte, 1519 m, im Sommer bew., 25 L.

Höhenunterschiede und Gehzeiten:
Mittenwald – Westliche Karwendelspitze ↗ etwa 1470 m; Mittenwalder Höhenweg durchschnittlich auf 2200 bis 2300 m Höhe verlaufend. Mittenwald – Karwendelgrube über Mittenwalder Hütte 3½–4½ Std.; über Dammkarhütte 4–5 Std. (im Abstieg jeweils 1–1½ Std. kürzer); Gratwanderung Karwendelgrube – Brunnensteinanger 2½–3 Std.; Brunnensteinanger – Mittenwald 3–3½ Std.; Karwendelgrube – Heinrich-Noe-Weg – Mittenwald etwa 5 Std.

Schwierigkeiten:
Unschwierig, bei Seilsicherung ggf. auch für Kinder und weniger Geübte.

Auf dem Mittenwalder Höhenweg, nahe dem Gamsangerl. Im Mittelgrund der Gipfel der Erlspitz-Gruppe des Karwendels (rechts Reither Spitze, links Freiungspitzen), dahinter die firnbedeckten Stubaier Berge. Genau über der Reither Spitze der bekannte Lisenser Fernerkogel.

vorzudringen — lockte nun ein schmaler Pfad über die Bänder der Westflanke, führte eine Leiter auf den ersten, grasigen Gratbuckel. — „Nördliche Linderspitze, 2372 m“ verrät eine Tafel. „Am „Steinernen Zaun“ packte mich endgültig das Erkunderfieber: Voll Auftrieb hastete ich die nagelneuen „Feuerleitern“ hinauf, folgte eilig den Drahtseilen, querte schließlich eine senkrechte Wand auf einem massiven, mit Eisenkonsolen fixierten Brett. Nach kurzweiligem Auf und Ab entlang mustergültiger Farbkleckse stand ich, ehe eine Stunde verstrichen war, in der Gratsenke des „Gamsangerls“; wie würde die Klettersteigbau-Technik der schroffen Ostschulter der Sulzleklammspitze zu Leibe rücken? Erst ein Jahr später fand ich Antwort auf meine Frage: Man wich in die Ostflanke aus, erweiterte einen schmalen Felsspalt zu einer mannsbreiten Rinne, baute eine Holztreppe hinein, verankerte an der letzten Klippe eine Leiter — das Problem des brüchigen Felsabsturzes war gelöst. Noch ein paar harmlose Gratbuckel und der Klettersteigzauber des Höhenweges klingt in den grasigen Regionen der Brunnensteinspitze aus. In der winzigen Tiroler Hütte aber waltet die wackere Wirtin wie eh und je; eine rührende Idylle am Rande einer Route, die spätestens hier — bei diesem Kontrasterlebnis zur Bergstation — eine Menge Fragen aufwirft: Ich habe hier am Endpunkt spontane Kommentare zum Für und Wider solcher neuen Steige mitangehört. Merkwürdig: Frohgelaunt waren sie alle, auch die Kritiker. Ich jedenfalls schließe mich der Meinung eines freudestrahlenden, überglücklichen Pensionisten an, den ich bei meiner „Schlußinspektion“ traf: „Mei', war des pfundig. Am liebsten gangert i's glei no a mal!“ Gewiß, man hätte mit etwas weniger Eisen dem Weg ruhig eine sportlichere Note geben können, vielleicht war es Werbestrategie, vielleicht auch nur deutsche Gründlichkeit, die zu einer so hohen „Ausbaustufe“ führte.

Mein Tip für jene, die ein bißchen Nervenkitzel lieben: Gehen Sie einmal im dichten Nebel oder, noch besser, nach dem ersten Schnee eines frühen Wintereinbruchs — wetten, daß es dann einsam und gepfeffert genug ist?

Fazit: Ein Weg für Genießer und ein Weg, der aus jedem ausdauernden, schwindelfreien, trittsicheren Bergwanderer mit ziemlicher Sicherheit einen Klettersteigliebhaber macht.

Auf dem Mittenwalder Höhenweg im Bereich der Kirchlespitze, schon in Nähe des Brunnensteinangers. Im Mittelgrund der Arnspitzstock, im Hintergrund rechts das Leutascher Platt mit Partenkirchener und Leutascher Dreitorspitze, vorgelagert der Öfelekopf, links, mit steilem Abbruch nach Norden, die Gehrenspitze (alles Wetterstein). Hinter den Wettersteingipfeln die Mieminger Kette mit der breiten Hohen Munde und der Hochwand.

Lamsenspitze, 2501 m - Hochnißl, 2546 m

8

In der gewaltigen Hinterautal-Vomper-Kette des Karwendels

Die Lamsenspitze ist die beherrschende Berggestalt im östlichen Abschnitt der langen Hinterautal-Vomper-Kette, des Karwendel-Hauptkammes. Eben dort, ab der „Lamsen", nimmt der Hauptkamm eine nach Südosten verlaufende Richtung ein, was bewirkt, daß dieser Berg eine besonders reizende Aussicht bietet, vor allem gegen den Achensee, zu den östlichen Karwendel-Verzweigungen und nach Süden, über die Halltal-Kette hinweg, bis zu den Firnen der Zentralalpen.

Schon 1843 wurde die „Lamsen" zum ersten Male betreten. Die Route des Ersteigers Lipold ist identisch mit der ehemals gefürchteten Turnerrinne, an deren östlichen Begrenzungsfelsen heute ein Drahtseil emporleitet. Eigenartigerweise hat Hermann von Barth bei seiner Besteigung der Lamsenspitze, 1870, den Lipoldschen Weg nicht gewählt; in Unkenntnis des genauen Verlaufes erkletterte er einen östlich der Normalroute eingerissenen, schwierigen Kamin, den heutigen „Barth-Kamin", eine — wenn auch nicht die lohnendste — der vielen Kletterführen an der Lamsenspitze, die nicht zuletzt auf Grund ihres festen Felses sehr beliebt geworden sind. Eine Bergfahrt auf die Lamsenspitze vermittelt eine Fülle überraschender und nachhaltiger Eindrücke. Da ist einmal die Ankunft auf dem Großen Ahornboden: Langgezogene Almwiesen, zu beiden Seiten bewaldete Steilhänge, im Hintergrund eine Kulisse aus wilden Kalkwänden. Die Ahorne, knorrige Baumveteranen und junge Setzlinge, geben diesem Urbild eines kalkalpinen Talschlusses unverwechselbare Akzente.

Nach nicht allzu langem Aufstieg erlebte ich auf dem Lamsenjoch meinen zweiten großen Eindruck: Die Weite eines Almbodens verengt sich zu einem schmalen, fast ebenen Weg, der einer steilen Flanke abgerungen ist, der Blick fällt tief hinab ins Falzturntal, vom wettergegerbten Wegkreuz wurde schon der Blick auf die Lamsenjochhütte frei. Nach kurzer Rast stand ich zum erstenmal vor der Wandflucht, die vom Hochnißl zur Lamsenspitze hinüberzieht. Deutlich erkannte ich eine Gestalt in einem auffälligen, roten Pullover, die sich überraschend schnell und katzenhaft sicher durch die düstere Mauer emporbewegte und dann kurz vor dem Grat urplötzlich im Dunkel eines Felsloches verschwand. Ich folgte den verlockenden Eisenklammern, zog mich an Haken und Seilen empor und war bald mitten in der Wand, voller Spannung, wie es oben wohl weitergehen würde. Zwischendurch ein Blick in die Tiefe: Unter mir der Karboden, winzig klein die Hütte, im Dunst des Falzturntales ahnte ich den Achensee. Noch einige Klammern, dann ein nasser Holzsteg unter einer bauchigen Wandstelle. Ich erreichte einen lehmigen, modrigen Felsschlund. Ein verschmiertes, ausgefranstes Drahtseil, wirr am glitschigen Boden liegend, widerstand allen Kraftproben. Ich zog mich ins Dunkel empor und stand nach wenigen Metern vor einem kurzen, senkrechten Kamin mit wenigen aber bombenfesten Eisenklam-

TOURISTISCHE ANGABEN

Ausgangs- und Stützpunkte:
Gasthof „In der Eng", 1218 m; Pertisau am Achensee, 933 m; Grammaialm, 1262 m; Lamsenjochhütte, 1953 m, bew. vom 15. 6. bis Okt., 26 B, 74 M, 4 L.

Höhenunterschiede und Gehzeiten:
Großer Ahornboden – Lamsenjochhütte ↗ 735 m, 2 Std.; Grammaialm – Lamsenjochhütte ↗ 691 m, 2 Std.; Lamsenjochhütte – Lamsenspitze ↗ 548 m, 1½ Std.; Lamsenjochhütte – Hochnißl ↗ 593 m, 3–4 Std.

Schwierigkeiten:
Beide Gipfel ohne Übernachtung anstrengende Bergtour, mit Übernachtung auf der Lamsenjochhütte ist die Lamsenspitze als Halbtagestour, der Hochnißl als kurze Tagestour anzusehen, für beide Gipfel sind jedoch Trittsicherheit und Schwindelfreiheit erforderlich. Dies gilt in erster Linie für den Lamsentunnel!

Vom Hochnißlgipfel kann der gesamte Verbindungsgrat zur Lamsenspitze gut überschaut werden. Rechts, im Kar unter der Lamsenspitze-Ostwand ist der bizarre Schatten des Lamsen-Hüttenturmes zu erkennen. Rechts, hinter der Lamsenspitze, das Gamsjoch, links der Verbindungsgrat zur Schafkarspitze. Unter der die Lamsen-Ostwand links begrenzenden Kante (Südostkante) die Lamsscharte.

mern. Den Blick empor werde ich nie vergessen. Der wolkige Himmel öffnete sich in tiefem, föhnigem Blau, dazwischen Wolken, Nebelfetzen— mit wenigen Tritten war ich aus dem Kamin – vor mir riesige Karflächen, die wie in einen Trichter ins Vomper Loch abfielen, tief unten in der Ferne das Inntal.

Eine schmale Pfadspur führte nordwärts empor ins Kar und endete in einer Schuttreise. Mühselig waren die letzten Meter zum Felsfuß empor und von dort hinein in eine schottrige Steilrinne, die sich zusehends verengte. Sie endete schließlich in einem Felsspalt. Speckige Stellen am Fels verrieten mir den Ausweg aus der Rinne auf die griffigere Felsrippe zur Rechten. Nach der Felspartie abermals kurz Schutt, dann ein letzter Gang über Geröll und leichten Fels und ich stand am Gipfel. Für den Abstieg wählte ich den Steig über die Lamsscharte, der nur über kurze Stellen in ausgesetztem Felsgelände verläuft.

Wer heute „auf die Lamsen" geht, erlebt die Überraschungsmomente im Lamsentunnel wie eh und je. Die ungesicherte Kletterei durch die steinschlaggefährdete Turnerrinne aber gehört schon seit einigen Jahren der Vergangenheit an – ein fixes Stahlseil auf einer sicheren Felsrippe hat den Aufstieg entschärft, der Zugang zum Gipfel ist nun auch dem geübten Bergwanderer möglich.

Auch der Weg zum Hochnißl beginnt beim Austritt aus dem Lamstunnel, führt gegenläufig zunächst etwas bergab und dann über grasige Steilflanken endlich empor zum Grat. Von hier gelangt man über einige Zwischengipfel, durch mehrere drahtseilgesicherte kleine Kamine und über harmlose Klettersteigpassagen auf den schuttbedeckten Gipfel.

Vom Hochnißl schaut man direkt auf Schwaz, jenseits der blinkenden Innschleifen baut sich hinter den Tuxer Voralpen die Gletscherwelt der Zillertaler Alpen auf. Wer beide Gipfel an einem Tag bewältigt, der dürfte am Abend reichlich müde in sein Auto fallen.

Auf dem Gratverlauf Lamsenspitze – Hochnißl im Karwendel-Hauptkamm. Über das Inntal und die Tuxer Voralpen hinweg öffnet sich die Schau auf die Eisgipfel der Zillertaler Berge.

Ellmauer Halt, 2344 m, Gamsängersteig

9

Stelldichein am höchsten Kaisergipfel

Unter der Kletterberge-Prominenz wie Totenkirchl, Fleischbank oder Predigtstuhl nimmt sie eine eher bescheidene Stellung ein, die Ellmauer Halt. Einzig der lange Kopftörlgrat, eine heute fast untragbar überlaufene Genußkletterei des III. Schwierigkeitsgrates, räumt ihr noch eine gewisse Berechtigung im „Klettergarten der Münchner" ein, wenngleich ihre „kleine Schwester", die Kleine Halt, bedeutend günstiger wegkommt. Freilich bleibt da der Ruhm der größten Höhe, der gehört der Ellmauer Halt unbestritten. Kenner sehen in ihr auch einen der anspruchsvollsten „Normalweg-Berge" im Kaiser — es ist alles eine Sache der Auslegung! Und da sind wir schon beim Thema: welche Möglichkeiten bietet das Kaisergebirge dem Klettersteiggeher? Wenn auch an eine Längsdurchquerung wie in der Brenta nicht zu denken ist, so bietet der Kaiser doch immerhin fünf lohnende Einzelanstiege: Den Aufstieg durch das Winkelkar auf die Pyramidenspitze; den Widauersteig auf den Scheffauer; den Gamsängersteig auf die Ellmauer Halt; die Steinerne Rinne auf das Ellmauer Tor und den Steig auf die Ackerlspitze.

Für die interessanteste aber auch anspruchsvollste dieser Unternehmungen halte ich den Gamsängersteig: er befindet sich mitten im felsigen Herzen des Wilden Kaisers und führt auf dessen höchsten Gipfel, er bietet vielleicht die umfassendsten Einblicke und sicher die interessanteste Routenführung.

Die Hotellerie von Ellmau, die vornehme Gastwirtschaft Wochenbrunn, die schon etwas spartanischere Wochenbrunner Alm, zuletzt noch die große Gruttenhütte — ein riesiges Auffanglager für Bergsteiger mit verschiedensten Komfortansprüchen! Die Angst, alle würden in Kolonnen den Gamsängersteig empordrängen, ist zwar unbegründet, der „Besucherstrom" verästelt sich bald in vielen Richtungen, aber mit einigen bekannten Gesichtern vom Schlafraum oder vom Frühstückstisch darf man, zumindest in der Hochsaison, unterwegs schon rechnen.

350 Meter wildzerklüftete Steilwand — erst aus der steinigen Mulde vor dem Hochgrubachkar erhält man den ersten, wirklich richtigen Eindruck der Führe: zunächst heißt es, fast die gesamte Wandbreite an schmalen, grasdurchsetzten Bändern von Osten nach Westen schräg empor zu queren. Dank der ausreichenden Sicherungen an sich kein Problem, dennoch erlebte ich hier, völlig unvermutet, eine böse Überraschung. Ein warnendes Poltern in der Wand, ich brachte mich mit gewaltigen Sätzen unter einem winzigen Überhang in Sicherheit, und das keine Sekunde zu früh, schon prasselten die Steine an mir vorbei in die Tiefe und ich hatte den Schwefelgeruch frisch zerschmetterter Gesteins in der Nase. Angespannt hastete ich von Deckung zu Deckung, durch die „Schußlinie" des Steinschlags, erreichte atemlos aber unbehelligt das westliche Ende der langen Querung. An kühnen Felspassagen ging es nun, stets

TOURISTISCHE ANGABEN

Ausgangs- und Stützpunkte:
Ellmau, 812 m; besser: Gastwirtschaft Wochenbrunn, 981 m oder Bergsteigerquartier Wochenbrunner Alm, 1087 m; Gruttenhütte, 1620 m, bew. von Mai bis Nov., 19 B, 66 M, 10 L.

Höhenunterschiede und Gehzeiten:
Ellmau – Wochenbrunner Alm ↗ 275 m; Wochenbrunner Alm – Gruttenhütte ↗ 533 m, $1^1/_4$ bis $1^1/_2$ Std.; Gruttenhütte Ellmauer Halt ↗ 724 m, $2^1/_4$ bis $2^1/_2$ Std.

Schwierigkeiten:
Klettersteig teilweise luftig; sehr steinschlaggefährdet, im Frühsommer einzelne Stellen unter Schnee, Abrutschgefahr.

Die Ellmauer Halt von Süden mit vier der Türme des berühmten Kopftörlgrates. Genau über der Gruttenhütte der Leuchsturm mit seiner glatten Südwand, links von ihm der abenteuerlich geformte Kapuzenturm, dem sich der Sechste Turm anschließt. Links davon der Gipfel der Ellmauer Halt. Der Gamsängersteig benützt in seiner Anfangsphase das begrünte Schrofen- und Bändersystem unter dem Sechsten Turm und dem Ellmauer-Halt-Gipfel.

gut gesichert, teils durch steile Rinnen, teils über Rippen und Grate, zur gelben Jägerwand, wo der früher so beliebte Aufstieg von Norden, von Hinterbärenbad, einmündet. Unvergeßliches Überraschungsmotiv dieser Direttissima zwischen den Gipfelfelsen: die „Achselrinne", eine tiefe, naßkalte Kluft; wie aus einem muffigen Kanalschacht steigt man auf der lehmverschmierten Eisenleiter hinauf auf das Geröllband der „Maximilianstraße". Wer ausgesetzte Passagen liebt, steigt allerdings rechts der Kluft an Eisenstiften in den schmalen, senkrechten Spalt, der in einer glatten, steilen Platte geradezu ins Nichts emporzuführen scheint — auch hier trifft man überraschend auf den Gipfelweg zurück. Noch ein paar Rinnen und Platten, ein malerischer Überhang und schon stand ich in der kleinen, felsigen Gipfelwanne vor dem winzigen Babenstuber-Hüttchen, kalte windtrotzende Gipfelzuflucht für erschöpfte Kletterer, daneben Reste des vom Blitz zerfetzten, alten Gipfelkreuzes. Am neuen Kreuz feierten gerade meine Vorgänger ihren luftigen Felsgang. „Hoffentlich hat der Stoa koan troffa, den Du da obalassn hast" mampfte ein besorgter Vater mit vollen Backen, und der schuldige Sprößling verriet sich durch rote Ohren und betretenes Schweigen. Ich tat gut daran, mir meine Vorwürfe zu ersparen: War ich vom Gipfelpanorama oder vom mitgebrachten Obstler so berauscht, ich weiß es nicht. Aber schon bei den ersten, etwas allzu beschwingten Schritten des gemeinsamen Abstiegs passierte mir das gleiche: Eine tückisch lockere Platte, Schlachtschüsselformat, polterte durch die Gipfelrinne zu Tal. Bedrücktes Schweigen — nur der Sprößling mit den roten Ohren bekam einen etwas erleichterten Gesichtsausdruck. Mir wurde erst wieder richtig wohl, als mich Aufwärtskommende mit wohlverdienten Kraftausdrücken bedachten, denn wer in den Bergen flucht, dem fehlt nicht viel.

Als wir uns später, im Hochgrubachkar, in der Nachmittagssonne räkelten, ging ich im Geiste noch einmal die Führe nach. Gelegentlich vernahm ich im Wind verhallende Kommandorufe einer Seilschaft hoch oben am Grat — ein wenig Neid mochte da schon aufkommen. Dennoch sahen wir alle auch unseren Weg als echtes Abenteuer an.

Auf dem Gamsängersteig, der auf den Gipfel der Ellmauer Halt führt. Über die begrünten Kuppen der Kitzbüheler Berge (Hohe Salve) hinweg reicht der Blick bis in die Zillertaler Alpen. Im Mittelgrund die Hänge des Pistenskigebietes Hartkaser und Zinsberg über Scheffau bzw. Ellmau.

10

Der Watzmanngrat, 2713 m

Zweitausend Höhenmeter über dem Königssee

TOURISTISCHE ANGABEN

Ausgangs- und Stützpunkte:
Ramsau bei Berchtesgaden (Wimbachbrücke), 624 m; Ilsank, 578 m; Gemeinde Königssee bei Berchtesgaden, 602 m; St. Bartholomä am Königssee; Watzmann-Haus, 1928 m; im Abstieg Wimbachgrieshütte, 1327 m, Wimbachschloß, 937 m.

Höhenunterschiede und Gehzeiten:
Wimbachbrücke – Watzmann-Haus ↗ 1310 m, 3½–4 Std.; Watzmann-Haus – Mittelspitze ↗ 780 m (Gegenanstiege); Haltestelle Ilsank – Watzmann-Haus 4–4½ Std.; Bahnhof Königssee – Kühroint – Watzmann-Haus 3½–4 Std.; St. Bartholomä – Kühroint – Watzmann-Haus 4½–5½ Std.; Watzmann-Haus – Hocheckgipfel 2 Std.; Hocheck – Mittelspitze ½ Std.; Mittelspitze – Südspitze 1½–2 Std.; Südspitze – Wimbachgrieshütte 3 Std. (im Aufstieg mindestens 5 Std.; abzuraten!); Wimbachgrieshütte – Haltestelle Wimbachklamm 2 Std.

Schwierigkeiten:
Klettersteig luftig, doch technisch unschwierig, gefährlich bei Blitzschlag, Neuschnee oder Vereisung. Abstieg im Nebel schwierig zu finden.

Ein Teil des Watzmanngrates: im Vordergrund die Mittelspitze, links der Verbindungsgrat zur Südspitze. Über dem Watzmanngrat die südlichen Erhebungen des Hochkalterstockes, darüber die Loferer Steinberge.

Hoch über die Gipfel des Berchtesgadener Landes ragt der Watzmann, von Norden als doppelte, spitze Pyramide zu sehen, unverkennbar wie ein Wahrzeichen und von Sagen und Märchen umwoben.

Eine Sintflut soll vor Zeiten über das Land hereingebrochen sein und alle Täler überschwemmt haben. Höher und höher sei das Wasser gestiegen, über Hügel und Berge, nur auf dem Gipfel des Watzmanns habe sich das einzige Menschenpaar vor den Fluten retten können.

Noch bekannter als diese Sintflutsage ist die Watzmannsage von der Versteinerung des grausamen Königs Waze und seiner Familie – hier wird deutlich, wie die zersplitterte Felsgestalt zu allen Zeiten die Gemüter der Bergbauern bewegt und ihre Phantasie angeregt hat.

Der Grat, der die drei Gipfel des Watzmanns miteinander verbindet, führt Klettersteigliebhaber aus allen Himmelsrichtungen hier herauf und lockte auch mich seit Jahren unwiderstehlich.

Fast vier Stunden Hüttenanstieg auf ermüdenden, wenig erfreulichen Karrenwegen und Serpentinen mußte ich in Kauf nehmen, um dann eine unruhige Nacht im überfüllten Watzmann-Haus hinter mich zu bringen.

Auch der weitere Aufstieg über den breiten, schottrigen Nordrücken, zum Hocheck, dem ersten der drei Gipfel, war eher enttäuschend, der Ausblick nach Norden nicht gerade überwältigend, die Schau nach Süden verwehrt.

Endlich der Nordgipfel! Hier am Hocheck, wo eine Reihe Bergwanderer umkehrte, änderte sich schlagartig der Charakter der Tour: Ein schmaler, zerklüfteter, doch nicht allzu luftiger Grat, dramatische Tiefblicke nach Osten und Westen, die Schau auf den See, die ersten Seile.

Ein letzter Blick nach dem Wetter, dann begann das eigentliche Klettersteigvergnügen: Ein faszinierender Gang auf dem gut gesicherten Grat, wechselnde Felsszenerien und stets neue Einblicke in senkrechte Wandpartien. Winzig klein und völlig lautlos glitten die Motorschiffe über den Wasserspiegel des Königssees, ab und zu trug ein Windhauch das Echo der Hornisten hinauf in die Ostflanke.

Viel schneller als erwartet stand ich auf dem Mittelgipfel, ein zweiter, längerer und auch etwas anspruchsvollerer Felsgang zum Endziel, dem Südgipfel, stand noch bevor. Nachhaltigster Eindruck dieses Abschnittes waren die großartigen Einblicke in die berüchtigte Watzmann-Ostwand, mit freiem Auge konnte ich mehrere Seilschaften ausmachen.

Tief unter mir St. Bartholomä. Schon nach zweistündigem Weg vom Mittelgipfel her war ich am Ziel, genoß die herrliche Rundsicht und das mitgebrachte Bier und lauschte den Erzählungen einiger Ostwand-Bezwinger, die sorgsam ihre Seile zusammenpackten. Wegen des aufsteigenden Nebels brach bald die gesamte Gipfelgesellschaft auf, voran die Klettermannschaften; bei der teilweise kümmerlichen Markierung im weitläufigen Schrofengelände waren uns die Wegkenntnisse der Vorausgehenden sehr willkommen.

Nach einigen Schuttreisen, auf denen es sich gut „abfahren" ließ, folgte unübersichtliches Latschengelände, von mehreren felsigen Steilrinnen durchzogen. Das erste Bachbett mit Badwandln im Fels vereinigte die Durstigen bei gemeinsamem, ausgiebigem Trunk. Einige geologisch Interessierte verweilten vor Erreichen des Wimbachtales noch bei den interessanten Erosionsformen am Fuße der ausgewaschenen Westwand, die Mehrzahl jedoch eilte das weite, flache Schotterbett in Richtung Wimbachgrieshütte hinab und spülte dort so schnell wie möglich den schalen Geschmack des Bachwassers mit Bier hinunter. Aber noch war der Abstieg nicht zu Ende. Eine ausgiebige Wanderung durch das romantische, aber lange Wimbachtal folgte. Überraschender Ausklang dieser großartigen Bergfahrt war die Wimbachklamm, deren stürzende Wasser die ermüdeten Sinne nochmals aufhorchen ließen.

Der Watzmann, einer der berühmtesten Alpengipfel überhaupt, mit seiner unverkennbaren Nordansicht: links der Kleine Watzmann, daneben die Watzmannkinder über dem weiträumigen Kar, rechts der Große Watzmann, über den unser reizvoller, gesicherter Gratweg leitet.

Hochseiler, 2793 m, Teufelslöcher 11

Naturwunder am Hochkönigstock

Freilich, der Hochkönig ist fast 150 m höher. Der naturgemäße Trend zum höchsten Gipfel einer Gruppe ist sicherlich mit ein Hauptgrund, warum der Hochseiler etwas im Schatten des größeren Bruders steht. Hinzu kommt, daß der Hochkönig touristisch besser erschlossen ist. Hütten an den Ausgangspunkten, das berühmte Gipfelhaus, ein Normalweg, der sich sogar als Ski-Abfahrt eignet und das Gros der ehrgeizigen Bergwanderer anzieht.

Ein wichtiger Pluspunkt für den Hochseiler aber ist auch Klettersteigfreunden weitgehend unbekannt: Im Vergleich zur Delikatesse „Mooshammersteig" ist der Hochkönig-Südanstieg — eher gesagt — biedere Hausmannskost.

Über Hinterthal die Atmosphäre kultivierter Langeweile: Verständnislose, fast mitleidige Blicke, als ich am Vorabend in Bergkluft ein Grill-Lokal betrat und angesichts der piekfeinen Gäste am hintersten Katzentisch Platz nahm. Auf meine Frage, wie ich am nächsten Morgen zum Hochseiler fände, bedauerte die Bedienung, die „Herrschaften nicht zu kennen". Der herbeigeholte Wirt riet mir gönnerhaft, einfach nach der „Scheel-Villa" zu fragen, die wisse jedes Kind und dort fände ich schon ein Wegschild.

Der Rat war nicht schlecht; einige ältliche Damen, die hier mit dem Feldstecher einen Blick auf den prominenten Frühstückstisch erhaschen wollten, blickten mir völlig verdattert nach, als ich ohne jegliches Zeichen innerer Erregung an dem Heiligtum vorüberzog. Am Fahrweg nochmal ein privilegierter, offener Jagdwagen, der vornehme Jagdhund sah an mir vorbei, als hätte ich gerade Schonzeit . . .

Erst im düsteren, frostigen Kar umfing mich ein Hauch des Abenteuers. Die winzige Bertgenhütte, verschlossen, wie ein Biwak an den Fels geklammert, kündete von vergangenen Pionierzeiten, die Stille ringsum ließ mich eine Tour in vollkommener Einsamkeit ahnen.

Die Markierungen führten unerbittlich auf eine Steilwand im hintersten Karwinkel zu. Die naturbelassene Führe umging geschickt alle Hindernisse, wechselte überraschend von verwegenen Felsbändern auf glatte Plattenhänge und in griffige Rinnensysteme — spannendes, stundenlanges Steigen mit gelegentlichen Klettereinlagen neben altschneebedeckten Drahtseilpassagen. Plötzlich weit aufgerissene Felsmäuler, durch die der blaue Himmel sichtbar wurde — die Teufelslöcher!

Durch das östliche der beiden Felsenportale stieg ich hindurch auf das gleißende Firnfeld der Übergossenen Alm, felsumrahmte Tiefblicke in den Pinzgau und die Schau

TOURISTISCHE ANGABEN

Ausgangs- und Stützpunkte:
Hinterthal am Hochkönig, 1016 m; Bertgenhütte, 1845 m, unbew., 22 L.

Höhenunterschiede und Gehzeiten:
Hinterthal – Hochseiler ↗ 1777 m; Hinterthal – Bertgenhütte 2 Std.; Bertgenhütte – Teufelslöcher 2–2½ Std.; Teufelslöcher – Hochseiler ½–¾ Std.; Hochseiler – Torscharte 1–1½ Std.; Torscharte – Hinterthal 2–3 Std.

Schwierigkeiten:
Bertgenhütte – Teufelslöcher teilweise mäßig ausgesetzt, nur noch spärlich gesichert, etwas langwierig (I). Hochseiler-Ostgrat kurz, ausreichend gesichert, doch auf den letzten Höhenmetern sehr luftig und verwegen. Abstieg zur Torscharte zwar ausreichend bez., doch völlig ungesichert, bei Schneelage oder Vereisung gefährlich (II). Insgesamt eine abenteuerliche Tour für Geübte, bei Nebel dringendst abzuraten.

Die Teufelslöcher, durch deren rechtes (östliches) das Firnfeld der Übergossenen Alm erreicht wird.

auf die schimmernde Dreitausenderkette der Zentralalpen waren Lohn der Mühen. Augenblicke, die ein Bergsteiger nie vergißt, Gefühle, die er nicht mitteilen oder weitergeben kann, Erinnerungen für ein Leben. — Der Versuchung, an diesem Scheideweg sich ostwärts zu den dampfenden Suppentellern des nicht allzu fernen Matrashauses abzusetzen, ist hier trotzdem jeder ausgesetzt.

Das Gipfelkreuz des Hochseilers bewahrte für mich schließlich seine Anziehungskraft, eine gemütliche halbe Stunde westwärts auf Spuren im Schnee und schon stand ich vor den letzten Felsen. Rote Farbkleckse, kein einziges Stück Eisen, immer steilerer Fels, zuletzt ein schmaler, senkrechter Turm, offensichtlich nicht gerade leicht — für mich das Ende der Illusion? Bis zum nächsten Farbklecks schob ich mich auf alle Fälle noch hinauf — und siehe da: drei, vier bombenfeste Klammern in einem senkrechten Kamin. Schnell stand ich auf der beängstigend schmalen, luftigen Gratschneide — gut, daß niemand sah, wie ich auf allen Vieren zum Gipfelkreuz robbte!

Die letzte Eintragung im Gipfelbuch war eine Woche alt — mitten im Hochsommer. In ferner Tiefe zog eine Bergsteigergruppe über den Firn der Übergossenen Alm in Richtung Matrashaus.

Die zur Torscharte führenden Felsrinnen, Bänder und Risse sind zwar durchgehend markiert, sonst aber völlig naturbelassen. Im ungesicherten Felsgelände verlor ich nur langsam das anfängliche Unbehagen des Drahtseilverwöhnten. Ganz rechts unter einem nordseitigen, tropfnassen Überhang traten plötzlich mehrere blanke Eisstellen auf. Vorsichtig schob ich mich tiefer. Erst unten, auf den grasigen Mulden des breiten Sattels, wich die Spannung dieses abenteuerlichen Felsganges wohliger Müdigkeit. Ich streckte mich gerade gemütlich zur Rast aus, als eine Sommerfrischlerin in Tennisschuhen — der kultivierten Langeweile offensichtlich überdrüssig — hier oben aufkreuzte — der erste Mensch seit dem frühen Morgen. Ich konnte ihr mit Erfolg vom geplanten Weitermarsch auf den Hochseiler abraten!

Beim gemeinsamen Abstieg verriet sie mir dafür ihr „süßes kleines Geheimnis“: Die Triefen-Tropfquellen, ein reizendes Quellwunder, auf verschlungenem Waldpfad gelegen; besinnlicher Schlußakt eines unvergeßlichen Tages.

Vor der Scheel-Villa stand ein Urlauber-Bus aus dem Rheinland. „. . . vor drei Jahren habe ich ihn wirklich gesehen . . .“, wehte ein Gesprächsfetzen herüber. So kommt am Hochseiler jeder zu seinem Abenteuer!

Packende Tief- und Weitblicke im Anstieg auf den Hochseiler. Über die westlichen Randabstürze des Hochkönigstockes hinweg reihen sich (von links) die Schönfeldspitze, die Loferer Steinberge, der Große Hundstod, der Hochkalterstock und der Watzmann auf.

Der Hochkönig, 2941 m

12

Im Zauber der Übergossenen Alm

„Vor langer, langer Zeit war da droben a fruchtbare Alm mit viel hundert Küh'. Und des Gras war fett, und die Küh' gaben Milch — des könnts ihr euch gar net vorstelln wieviel. De Sennerinnen wußten net wohin mit dem Überfluß. Des ganze Land wär' davon satt 'worden. Aber nix haben s' hergeben, gar nix. Alles haben s' selber behalten. Und die Küh' haben s' mit Gold und Silber g'schmückt, und den Berg rund um die Alm haben s' mit lauter Butter 'pflastert, und dann haben s' 'tanzt und 'tanzt bis in die Nacht nei. Vor lauter Übermut haben s' die Fäust' g'hoben gegen die Teufelshörner und g'rufen: ‚Du, lus auf da drent, mit deine langen Ohren!' Und so haben s' furt do, bis d' Stern am Himmel g'standen sind. Um zwölfe in der Nacht hat a scharfer Wind an d' Fenster g'stoßen, 'pfiffen und g'stöhnt, als wenn einer sterben sollt'. Dann is der Sturm rüberg'saust vom Funtentauern — schiach, als wär' des ganze Stoanane Meer lebendig 'worden. Grausig schwer 'donnert hat's und 'kracht. Und wie's Tag 'worden is, hat koa Mensch mehr a Alm und a Sennerin g'sehen. Nur Schnee und Eis und Eis und Schnee — so wie s' heut noch runterschaut, die übergossene Alm."

So der Hochkönig in der Welt der Sage. Er ist schon ein faszinierender Berg, dieser höchste Gipfel der Berchtesgadener Alpen. Nicht zuletzt die berühmten Trabanten geben seiner Gesamtheit einen überwältigenden Eindruck. Der Große Bratschenkopf, dessen „Wetterwand" sich 1200 Meter aufsteilt, ist ein Teil der imponierenden Südansicht; nicht zu vergessen die sich östlich anschließende Manndlwand mit einer verwirrenden Anzahl von Türmen und Zacken, bei deren Anblick sich der Betrachter in die Dolomiten versetzt glaubt. — Diese Hochkönig-Südseite ist ein Klettererdorado; die Touren sind anspruchsvoll, nur wenige werden geringer als mit dem IV. Grad bewertet. Auch am Hochkönig selber wurden in den letzten Jahren bedeutende Felsprobleme gelöst. Besonders der Bischofshofener Kletterer Albert Precht scheint das richtige Gespür für Neutouren zu besitzen. Er ähnelt hier dem großen Wiener Felsenmeister vor dem zweiten Weltkrieg, Hubert Peterka. Doch die Südfront des Hochkönigs hat auch eine „schwache Seite": den gesicherten Steig durch das Birgkar.

Nach stürmischer Nacht sah ich zum erstenmal aus dem Fenster des Birgkarhauses: Neuschnee überzog die Felsen, mitten im Sommer!

Wir beschlossen, es dennoch zu versuchen, stiegen über die Erichhütte auf und standen etwa zwei Stunden später in der Scharte nördlich der Taghaube. Der Pfad zwängte sich durch das steile Blockwerk bis zum Felsgrat, der hier einen schmalen Durchschlupf freiläßt: Das Tor ins Birgkar. Schon überblickten wir die gesamte Aufstiegsroute, dazu einen Teil der wilden Südwand. An einem Drahtseil stiegen wir durch eine altschneegefüllte, eiskalte Rinne steil hinab an den östlichen Wandfuß

TOURISTISCHE ANGABEN

Ausgangs- und Stützpunkte:
Mühlbach, 859 m; Dienten am Hochkönig; Birgkarhaus, 1403 m; Erichhütte, 1546 m, 10 M, 10 L; Matrashaus am Hochkönig, 2941 m, bew. von März bis Okt., 30 B, 43 M, 15 L; Arthurhaus, 1502 m, ganzjährig bew., 40 B, 24 L.

Höhenunterschiede und Gehzeiten:
Birgkarhaus – Matrashaus ↗ 1538 m; Birgkarhaus – Erichhütte 1/2 Std.; Erichhütte – Matrashaus 4–5 Std.; Matrashaus – Arthurhaus 3–3 1/2 Std. (im Aufstieg 5 Std.); vom Arthurhaus über Höhenweg zurück zum Birgkarhaus 2 Std.

Schwierigkeiten:
Technisch anspruchslos, nicht sehr ausgesetzt, jedoch anstrengend. Vorsicht bei Vereisung der Firnfelder! Bei Nebel abzuraten.

So zeigt sich der Hochkönig von Süden, also dem, der den höchsten Gipfel der Berchtesgadener Alpen durch das Birgkar erreichen möchte. Durch die steilen, teilweise überhängenden Wände ziehen extrem schwierige Kletterführen, die erst in jüngerer Zeit als Neulandprobleme erkannt und gelöst wurden. Überraschend gutmütig verläuft dagegen der gesicherte Steig durch das Birgkar, der in Kombination mit einem Abstieg durch das Ochsenkar ein kontrastreiches Hochkönig-Erlebnis beschert.

des Felsgrates, ein gesichertes Band leitete, teils unter Überhängen, zum obersten Ansatz des Schuttkegels, wo wir uns über abenteuerliche Randklüfte und Lawinenreste den Weg zum Felsfuß suchten. Ein gut markierter Pfad, nur mit wenig Eisen gesichert, führte beharrlich bergan, linkerhand umrahmte die Gipfelkulisse der Hohen Köpfe den gewaltigen Felshang des Birgkars, des einzigen bezeichneten südseitigen Zugangs zur Hochfläche der Übergossenen Alm.

Unter dem Kummetstein querten wir das erste, steile Schneefeld, nun noch einige Platten und Schrofen, dann mußten wir uns endgültig den Spuren in den Schneefeldern anvertrauen. Das pfeifende Orgeln des Windes verriet die nahe Felskrone, unter den wuchtigen Böen des Föhnsturms erreichten wir das „Fensterl": Gewiß, das nur mannshohe Kaminchen ist im Vergleich zur monumentalen Felsarchitektur der Teufelslöcher nur ein bescheidener „Lieferanteneingang", dennoch standen wir fasziniert vor der endlos schimmernden weißen Hochfläche, die sich hier schlagartig auftat. An riesigen Schneewächten vorbei wanderten wir zwischen Gletscherrand und Felsabsturz zur flachen Gipfelkuppe.

Völlig freistehend erhob sich das Matrashaus, wie eine Gralsburg Wind und Stürmen trotzend. Pilgerscharen gleich zogen einzelne Gruppen aus verschiedenen Richtungen über die Schneefelder empor.

Während der warmen Gipfelmahlzeit brachte uns ein weißhaariger Geologe mit sehr nüchternen Zahlen rasch aus der schwärmerischen Gemütslage: „. . . seit 1888 ging die Vergletscherung von 550 ha auf 149 ha zurück. Im Gebiet des ‚Verschwundenen Gletschers' hat sich der nur 20 m tiefe Ostgletscher von 1872 bis 1934 um 30 m, seither bis 1968 um nochmals 25 m zurückgezogen. Bei einer jährlichen Abschmelzung von fast 1 m und einer Durchschnittstiefe von 30 bis 40 m im mittleren Teil sind die Jahre der Übergossenen Alm voraussichtlich gezählt . . ."

Beim gemeinsamen Abstieg über den Normalweg erfuhren wir noch vielerlei über den prähistorischen Kupfer- und Eisenbergbau am Mitterberg, über die historischen Zusammenhänge mit dem Dürnberger und Hallstätter Salzbergbau. Von der Torsäule hallten die Kommandos mehrerer Seilschaften. In endlos weitem Bogen leitete der Weg aus dem Ochsenkar, im Osten schimmerte der Dachstein im späten Nachmittagslicht . . .

Fester, griffiger Fels in der Südflanke des Hochkönigs. Die verhältnismäßig geringe Geländeneigung läßt Eisensicherungen nicht an allen Stellen des Aufstiegs notwendig werden.

Der Traunstein, 1691 m

13

Klettersteig im Herzen des Salzkammerguts

Salzkammergut — in der Vorstellung des Feriengastes das klassische Bild einer Voralpenlandschaft: traumhaft schöne Seen zwischen blühenden Wiesen, dichtbewaldeten Hügelketten und einzelnen Aussichtsbergen, an den idyllischen Gestaden verträumte Städtchen mit malerischen Winkeln, in den vielbesungenen Gastwirtschaften kalorienreiche, jedoch unwiderstehliche Mehlspeisen, über allem aber ein Hauch von „leben und leben lassen" . . .

Das Salzkammergut nimmt aber auch in der Geschichte eine Sonderstellung ein: Die Träger der jungsteinzeitlichen „Mondsee-Kultur" errichteten bereits Pfahlbausiedlungen an den Ufern des Mondsees und Attersees und die ältere Eisenzeit ist als „Hallstattkultur" in die Vorgeschichte eingegangen. Neben den Salzburger Erzbischöfen erwarben später auch weltliche Herren hier bedeutenden Besitz, so die Traungauer, später durch Erbvertrag die Babenberger.

Während sich Oberösterreich nach 1282 unter der Herrschaft der Habsburger allmählich zu einem selbständigen Land entwickelte, war das Salzkammergut viele Jahrhunderte lang ein kleiner „Staat im Staate", den ein Salzoberamtmann in Gmunden als „Kammergut" verwaltete. Dadurch behielt der Landesfürst den Salzbergbau, das Sudwesen und den Salzhandel fest in seiner Hand — das noch heute bestehende staatliche Salzmonopol hat hier seine geschichtliche Basis. In der ersten Hälfte des 19. Jahrhunderts entdeckten Maler und Dichter die romantische Schönheit der Landschaft und Ärzte die Heilkraft der Quellen; Kaiser Franz Joseph I. wählte Bad Ischl als Sommerresidenz. Nach dem Zusammenbruch der Monarchie sonnte sich noch lange ein wohlsituiertes bürgerliches Stammpublikum im verblassenden Glanz der „Guten alten Zeit".

Das Bild eines Klettersteiges paßt eigentlich wenig in dieses Klischee und gerade deshalb hatte mich der Traunstein schon lange gereizt. Die Zufahrt von Gmunden am stillen Ostufer des Traunsees weckte allerdings eher Vorstellungen von Segeln und Wasserski. Für den Aufstieg wählte ich den schattigen Hernlersteig und schon nach wenigen Minuten stand ich im dichten Hochwald der „Kaltenbachwildnis", der bald zum felsigen Wandfuß führte. Lange Eisenleitern überwanden den Felsansatz, abwechslungsreiche, gut gesicherte Waldwege führten zunächst weiter durch Hochwald, dann durch Latschen zu einer Felskanzel, wo ich den ersten Blick auf den Dachstein genießen konnte. Felsige, drahtseilgesicherte Rinnen führten bis zum flachen Grat und ein Latschenpfad leitete zum nahen Gipfelkreuz hinüber. Der Rundblick vom Gipfelplateau nach Norden, in die Ebene, erinnerte mich an die bekannten Ausblicke von unseren bayerischen Voralpen, die beiden urgemütlichen, gipfelnahen Hütten machten mich richtig weinselig; bei frischem Räucherspeck und Rotem genoß

TOURISTISCHE ANGABEN

Ausgangs- und Stützpunkte:
Gmunden, 440 m; ggf. kleinere Hotels am östl. Traunseeufer 422 m; Traunstein-Hütte 1581 m; Gmundner Hütte, 1666 m.

Höhenunterschiede und Gehzeiten:
Traunseeufer – Traunsteingipfel ↗ 1269 m, beide Aufstiege je etwa 3–3½ Std., im Abstieg etwa 1–1½ Std. kürzer.

Schwierigkeiten:
Der Naturfreundesteig fordert ein gewisses Maß an Schwindelfreiheit, der Hernlersteig ist anspruchsloser.

Die reizvollste Passage des Naturfreundesteiges: der Tiefblick durch das Felstor auf den Traunsee.

ich den Tiefblick auf den See und das Schimmern des Gletscherkranzes um den fernen Dachstein.

Die überraschende Erfüllung dieses Tages aber erlebte ich auf dem bekannteren Naturfreundesteig. Durch das Felstor, vor dem ich nach wenigen Minuten Abstieg stand, konnte man wie durch das Portal einer mittelalterlichen Burgruine tausend Meter tief hinab auf den tiefblauen Wasserspiegel des Traunsees schauen; schneeweiße Segel, winzigklein, glitten lautlos über die Wellenkrausen, deren Kämme im spätherbstlichen Nachmittagslicht aufleuchteten — ein Bild von großer Harmonie.

Der weitere Abstieg — mit Blick nach Süden — rückte die Gletscherfelder der Dachstein-Gruppe — das beherrschende Fernmotiv — in stets neue Perspektiven. Schließlich führte der Steig abwechslungsreich wieder in den Schatten des Hochwaldes, einzelne Sichtschneisen vermittelten jedoch immer wieder stimmungsvolle Tiefblicke auf den See. Immer luftigere Bänder in den grasigen Hängen ließen den nahen Steilabbruch ahnen. Geschickt angelegte Leitern an unerwarteten Felspassagen sorgten für echte Überraschungen und ließen die Spannung stets aufs neue aufflackern; daß die Drahtseile hier an dicken Fichtenstämmen befestigt sind, vermittelte allerdings ein reichlich ungewohntes Klettersteiggefühl.

Schließlich schlängelte sich der Pfad an den Rand der letzten, großen Felsstufe heran. Seltsam, wie man hier auf die Wipfel kirchturmhoher Baumstämme herabblickte. Eine Reihe langer, luftiger Leitern half endgültig über die fast senkrechten Felsen hinunter — im Aufstieg gewiß eine noch viel eindrucksvollere Stelle.

Am Ufer des Sees lockte eine gemütliche „Jausenstation", und bald umfing mich wieder der Hauch von typischer Salzkammergut-Stimmung. Das Erlebnis dieser Fahrt setzte für mich dennoch neue, alpine Akzente.

Salzkammergutidylle mit alpinem Akzent: über dem Traunsee erhebt sich der knapp 1700 m hohe Traunstein, der neben einigen zünftigen Kletterrouten zwei gesicherte Steiganlagen bietet. Ähnlich der Via dell'Amicizia über Riva erfährt der Klettersteiggeher auch hier das Kontrasterlebnis des fortwährend begeisternden Tiefblickes auf den See mit seinen zahlreichen Segelbooten.

14

Im Banne des Dachsteins, 2993 m

Kurze Wege auf einen „Prominenten“

TOURISTISCHE ANGABEN

Ausgangs- und Stützpunkte: Ramsau, 1136 m; Hotels an der Talstation der Gletscherbahn, 1710 m; Bergstation der Ramsauer Gletscherbahn am Hunerkogel, 2685 m, ganzjährig Restaurationsbetrieb; Dachsteinwarte-Hütte, 2740 m, im Sommer beaufsichtigt und einfach bew., 8 M; Dachstein-Südwand-Hütte, 1871 m, bew. Mitte April bis Mitte Sept., 25 B, 48 M; evtl. Adamekhütte, 2196 m, bew. zu Ostern und ab Pfingsten bis Ende Sept., 27 B, 48 M, 6 L; Schilcherhaus, 1739 m, ganzjährig bew., 32 B, 60 M.

Höhenunterschiede und Gehzeiten: Talstation – Hunerkogel ↗ 975 m; Hunerkogel – Dachstein ↗ 311 m; Hunerkogel – Dachsteinwarte-Hütte 40 Min.; Dachsteinwarte-Hütte – Hoher Dachstein auf beiden Anstiegen 1 Std.; Abstieg Westgrat $^1/_2$–$^3/_4$ Std. (Aufstieg 1 Std.); Obere Windlucke – Steiner-Scharte – Dachsteinwarte-Hütte $1^1/_2$ Std.; Gjaidalm – Hunerkogel $5^1/_2$ Std.

Schwierigkeiten: Anstiege ausgesetzt, bei Vereisung abzuraten. Abstieg und Überschreitung der Steiner-Scharte einfacher. Aufstieg und Abstieg über den Hunerkogel ebenfalls Klettersteig!

Westgrat und Nordwestflanke des Hohen Dachsteins vom Oberen Gosaugletscher.

Dachstein – Willi End spricht vom großartigsten und schönsten Gebirgsstock der Nördlichen Kalkalpen, wo sich die Eigenheiten und Schönheiten der Kalkformationen mit denen der Gletscherwelt vereinigen. Ähnlich der Marmolata in den Dolomiten stellt sich auch hier der „ideale Berg“ schlechthin vor: Gletscher und gewaltige Wände; die Dachstein-Südwand gehört zu den Wandfluchten der Ostalpen mit den klangvollsten Namen. Aber selbst auf den leichtesten Anstiegen stellt eine Dachstein-Besteigung keine geringen Anforderungen an die Bergerfahrung; besonders dann nicht, wenn sich die Steiganlagen hinsichtlich ihrer Schwierigkeit auf Grund ungünstiger Verhältnisse (Vereisung, Neuschnee) um ein vielfaches verschärfen.

Mehr als eineinhalb Jahrhunderte sind vergangen, seit ein paar mutige Männer von Hallstatt aus „mit Steigeisen und Griespeil, Stricken und Barometer und Thermometer ausgerüstet“ den Versuch wagten, den Dachstein zu bezwingen, ein Versuch, der zwar zunächst mißlang, der aber eine eher kuriose als dramatische Besteigungsgeschichte einleitete. „Alle Versuche, die höchste Spitze dieses merkwürdigen Gebirges ... zu besteigen, sind mißglückt und werden wahrscheinlich immer mißglücken“ klagt noch 1810 der Sekretär und Mitarbeiter Erzherzog Karls nach einem mißglückten Besteigungsversuch des Torsteins – denn zu dieser Zeit galt noch der Torstein als Hauptgipfel des Dachsteinmassivs! Während Watzmann, Ortler und Großglockner, ja sogar der Montblanc längst erobert waren, lag der Dachstein noch in tiefem Dornröschenschlaf. So spektakulär die ersten Torsteinbesteigungen verlaufen waren, so still und unbeachtet verlief 1832 die Erstbesteigung des Hohen Dachsteins durch den Bauern und Bergführer Peter Gappmayr: Immer nur als „Träger“ bezeichnet, wurde sein Alleingang – wohl nicht ganz ohne Absicht – so übersehen, daß der bekannte Salzburger Professor Thurwieser, der zwei Jahre später zusammen mit Gappmayr und dessen Bruder als „erster Tourist“ den Gipfel erreichte, lange Zeit offiziell als Erstersteiger überhaupt galt.

Mein Entschluß, den Dachstein zu besteigen, stand fest, nachdem ich den Bericht „Zwei Septembernächte auf der hohen Dachsteinspitze“ gelesen hatte; 1843 hatte der Universitätsprofessor und Naturforscher Friedrich Simony – der eigentliche Erschließer des Dachsteinmassivs – den Traum seines Lebens wahrgemacht: „Ich setzte mich auf die höchste, bereits mehrere Male erwähnte Platte und versank in den erhebenden Anblick des unbegrenzten Nachtgemäldes. Aus dem Schwarz der unermeßlichen Tiefe zu meinen Füßen steigen von Zeit zu Zeit ganz kleine Nebelgebilde auf, und indem sie dem Monde entgegensteigen zu wollen schienen, gestalteten sie sich alle Augenblicke zu neuen phantastischen Formen. Bald nach halb 5 Uhr zeigt sich die erste Spur des nahenden Tages im Erbleichen des Mondes und des Morgensternes.

Wenigen mochte wohl bis jetzt der nicht gar zu leicht erringende Genuß zuteil geworden sein, auf einer fast 10 000 Fuß hohen Bergspitze, die in weitem Umkreise alles beherrscht wie der Dachstein, ich möchte sagen: die Gottheit selbst bei der Staffelei ihres täglich neu werdendes Werkes zu belauschen, wie sie das Schleiertuch der Nacht vom Bilde abrollt und allmählich mit der Prometheusfackel das Feuer des Lebens entflammt. Ich habe ihn gehabt, diesen Genuß, er schuf mir die schönste, die erhabenste Stunde meines Lebens."

Als ich an einem strahlenden Augustmorgen eine halbe Stunde vor der ersten Seilbahnfahrt an der Talstation der Ramsauer Dachstein-Südwandbahn eintraf, war ich beileibe nicht mehr der erste; Gipfelstürmer und Sommerskifahrer, Halbschuhtouristen und Ansichtskartenschreiber gaben sich ein buntes, frühes Stelldichein. Die Kabine schwebte in wenigen Minuten bis unmittelbar in die Gletscherregion, ich hatte gerade noch Zeit für einen Blick in die berühmte Südwand. Keine Fahrwege, keine Serpentinen durch brütend heiße Latschenzonen, keine Schuttreisen, nur wenige Schritte aus der Bergstation und ich stand im ewigen Eis. Erster bleibender Eindruck des landschaftlich überwältigenden Gletscherganges: der riesenhafte Schneekolk am Nordfuß der Dirndln, der Felspyramide zwischen Südwand und Gletscherplateau. Ich entschied mich, wie die meisten, für den direkten Anstieg über die Randkluft, bekam aber etwas weiche Knie, als ich am Ende des steilen Firnfeldes vor einer Gletscherspalte stand — nur eine schmale Schneebrücke leitete über den gähnenden Schlund hinüber zum Felsband; noch bis 1870 hielt man an der Dachsteinwarte-Hütte für die Randkluftüberschreitung eine Leiter parat. Endlich Sicherungen! Ohne Umwege durchzieht die Führe knapp, aber ausreichend gesichert die steile, stark gegliederte Felsflanke. Der Blick vom Gipfel erfüllte gewiß alle Erwartungen — was muß hier Simony gefühlt haben, als er das erste nächtliche Gipfelbiwak erlebte! Da das Wetter hielt, setzte ich die Überschreitung über den Westgrat fort, er ist flacher als der Ostanstieg und ebenfalls ausreichend gesichert. Die beruhigende Routenführung ließ genügend Spielraum für fortdauernden, ungetrübten Aussichtsgenuß. Nach kurzem Abstieg über den Gosaugletscher in Richtung Adamekhütte folgte ich den Spuren nach rechts und erklomm über eine massive Eisenleiter den senkrechten Felsansatz der Steiner-Scharte.

Die Überschreitung der Felsbarriere zwischen beiden Gletschern ist kurz und harmlos, ein längerer, jedoch gut erträglicher Gegenanstieg führte zurück zur Dachsteinwarte-Hütte. Da ich noch Lust, Kraft, Zeit und keine Rückfahrkarte hatte, beschloß ich, die fast 1000 Höhenmeter zur Talstation über die Hunerscharte abzusteigen. So erlebte ich im Abstieg noch einen ausgewachsenen Klettersteig — diesmal in völliger Einsamkeit.

Vor den ersten Sicherungen des Dachstein-Felsen-Anstieges (Ostgrat). Links Hohes und Niederes Dirndl, im Hintergrund die Niederen Tauern.

Wiener Umgebung

Gleich vorweg: Viele dieser Eisenwege sind weder mit den bekannten „Vie ferrate" der Dolomiten, noch mit den anderen großen Steiganlagen in den Nördlichen oder Südlichen Kalkalpen zu vergleichen. Dazu fehlen entsprechende Dimensionen, wirklich hochalpine Verhältnisse. Dennoch, auf der Suche nach den schönsten Klettersteigen in den Ostalpen darf man an ihnen keinesfalls vorbeigehen! Trotz Klettergartencharakter, der einigen dieser Wege anhaftet, sind die meisten von ihnen durchaus vollwertige Routen. Unser Aushängeschild, der Haidsteig an der Rax, gilt nicht nur als zünftigste gesicherte Anlage in Wiens Umgebung, er kann es sogar — und darüber sind sich alle Wiener Berg-Enthusiasten einig — mit jedem noch so gepriesenen Eisenweg in den Hochalpen aufnehmen!

Im Gegensatz zu den Dolomiten, wo Jahr für Jahr neue und immer verwegenere Steiganlagen entstehen, fehlt eine solche Entwicklung an den Wiener Hausbergen völlig. Diese scheint nämlich in unserem Gebiet schon viel früher stattgefunden zu haben. Einige der bekannten Wiener Klettersteige wurden tatsächlich schon vor mehr als 70 Jahren angelegt. Die interessantesten Eisenwege finden sich deshalb an den der Hauptstadt nächstgelegenen Bergmassiven, nämlich an der Hohen Wand, am Türkensturz, an der Raxalpe.

Überall sonst — Wiens Bergsteigerwiege, das Gesäuse, inbegriffen — sind gesicherte Klettersteige im heute üblichen Sinn eher Mangelware. Wohl aber gibt es zahlreiche einfache abgesicherte Weganlagen. Für sie ist aber die Bezeichnung „Klettersteige" nicht mehr ganz zutreffend. Wer aber auch diese Wege begeht, mit offenen Augen all die Naturschönheit am Rande erlebt, wird von einem Besuch der Wiener Hausberge beglückt heimkehren.

Auf dem Hochtor, dem höchsten Gesäusegipfel, mit Ausblick zum Großen Ödstein.

15 Hochtor, 2365 m, Wasserfallweg und Gugelgrat

Paradetour im Gesäuse

TOURISTISCHE ANGABEN

Ausgangs- und Stützpunkte: Gstatterboden, 575 m. Hotel an der Haltestelle der Ennstalbahn inmitten der wildromantischen Talschlucht des Gesäuses. Heßhütte, 1699 m. Am weiten Sattel des Ennseck zwischen Hochtor im Westen und Zinödl im Osten gelegene einfache Hütte des ÖAV; bew. Pfingsten bis Ende Sept., 21 B, 32 L.

Höhenunterschiede und Gehzeiten: Ennstal – Heßhütte ↗ 1130 m, 2¹/₂–3 Std.; Heßhütte – Hochtor ↗ 570 m, 2¹/₄–2¹/₂ Std.

Schwierigkeiten: Technisch einfache, wegen der beträchtlichen Steilheit und der zu überwindenden Höhenunterschiede jedoch anstrengende hochalpine Bergfahrt. Nächtigung in der Heßhütte empfehlenswert!

Was für die Münchner Kletterer der Wilde Kaiser darstellt – die hohe Schule der Kletterkunst – ist für den Wiener Kletterer das Gesäuse. Allerdings dürfte, im Gegensatz zum Kaiser, den Gesäusebergen kaum das Schicksal widerfahren, zu einem Klettergarten degradiert zu werden – dazu sind die Wände in diesem Bereich der Ennstaler Alpen zu hoch; achthundert bis tausend Meter ragen die gewaltigen Felsbollwerke von Hochtor, Peternschartenkopf und Planspitze empor – ein Dorado für Felskletterer mit allen Schwierigkeitsbereichen. Viele Anstiege sind berühmt, einige berüchtigt, wie die Dachl-Roßkuppen-Verschneidung, die als „Todesverschneidung" in das alpine Schrifttum eingegangen ist. Was bleibt da für den „alpinen Normalverbraucher"?

Es ist merkwürdig, daß im Gesäuse, trotz idealer Voraussetzungen, gesicherte Kletterrouten großen Stils fehlen. Die einzige Wegkombination, die eine solche Bezeichnung – wenn auch nur stellenweise – verdient, ist der Wasserfallweg als Zugang zur Heßhütte und der dort ansetzende, über den Gugelgrat auf das Hochtor führende Josefinensteig. Es mag Zeiten gegeben haben, in denen man gehörigen Respekt vor diesen neuartigen Anlagen hatte, aber heute, im Zeitalter abgesicherter Sechserwände, wird so mancher über diese reichlich veralterten „Kuhwege" lächeln. Zwar führen Wasserfallweg wie Josefinensteig auch durch Felsgelände im I. und II. Schwierigkeitsgrad, doch nach heutigen Gesichtspunkten kann man da kaum von richtigen Eisenwegen sprechen.

Vom Standpunkt des Naturliebhabers aber handelt es sich hier um ein Unternehmen ganz besonderer Art, denn nirgends in der Umgebung findet sich eine ähnlich großzügige und dennoch technisch einfache Route. Der Wasserfallweg wurde in den Jahren 1891/92 von der alpinen Gesellschaft „Ennstaler" mit Drahtseilen, Ketten, Klammern und Eisenleitern versehen und ist von jedem einigermaßen geübten Bergwanderer ohne weiteres zu begehen. Sein Reiz liegt, ganz abgesehen von der großartigen Hochgebirgslandschaft, die man durchwandert, in einer überaus interessanten Linienführung und der Einfachheit, mit welcher steiles Felsgelände scheinbar mühelos überwunden wird. An der Heßhütte kann man – außer an Wochenenden – noch echte Hüttenromantik finden. Unser Ziel, das 2365 m hohe Hochtor, ist nicht nur die höchste Erhebung der Gesäuseberge! Als Aussichtswarte hat es nämlich kaum ein Gegenstück in den Nördlichen Kalkalpen und wer einmal einen Sonnenaufgang auf seinem Scheitel erlebt hat, wird dies wohl zu den Sternstunden seines Bergsteigerlebens zählen können.

Der Gesäuseeingang mit berühmten Wänden: in der Mitte das Hochtor mit seiner Schauseite, der gewaltigen Nordwand, links davon Dachl und Roßkuppe – Namen, die nicht nur dem Wiener Kletterer geläufig sind.

16 Der Pfaffenstein, 1865 m

TOURISTISCHE ANGABEN

Ausgangspunkt:
Eisenerz, 736 m.

Höhenunterschiede und Gehzeiten:
Eisenerz – Pfaffenstein ↗ 1100 m, $2^1/_4$–$2^1/_2$ Std.; Pfaffenstein – Markussteig – Eisenerz $1^1/_4$–$1^1/_2$ Std.

Schwierigkeiten:
Die hier beschriebene Bergfahrt kann von jedem einigermaßen trittsicheren Bergwanderer ohne Schwierigkeit unternommen werden.

Besonderheiten:
Wegen des großteils südseitigen Wegverlaufes als Eingehtour im Frühjahr sehr zu empfehlen!

Genußtour über Eisenerz

Der im Norden der altehrwürdigen Knappenstadt Eisenerz gelegene, als ebenmäßige Felspyramide über dem malerischen Leopoldsteinersee aufragende Pfaffenstein besitzt eine Reihe schöner, gesicherter Steiganlagen. Als eine der beliebtesten Tourenkombinationen in dieser Gegend gilt die Überschreitung des Berges mit Anstieg über den Südwandsteig und Abstieg über den Markussteig. Der interessantere von beiden ist zweifellos der Südwandsteig. Er führt in gerader Linie durch die Südseite des Berges zur Kammhöhe empor. Trotz einiger etwas ausgesetzter Stellen ist hier die Bezeichnung „Klettersteig" nur an wenigen Felspassagen angebracht. Noch harmloser, jedoch landschaftlich großartiger erweist sich der Nord-, West- und Südseite des Pfaffensteins berührende Markussteig. Ganz gleich von welcher Seite man sich diesem Berg nähert, immer wird man von der umfassenden Rundsicht begeistert sein.

Grob umrissen ein paar Einzelheiten über die Steige: Vom Parkplatz nahe über dem Gasthaus „Volkskeller" bald auf Weg Nr. 826 zu einer Quelle. Im Wald hinauf zu einer steilen Wiesenzeile, die gegen die Südwände des Pfaffensteins leitet. Mit zahlreichen engen Kehren zur Waldgrenze, dann über Wiesenhänge zum Wandfuß. Über begrünte Schrofen zu den Felsen und den Drahtseilen folgend auf den Pfaffenstein-Ostrücken. Über ihn zuerst mäßig steil nach Westen aufwärts, später über den schmäler werdenden Grat zum Vor- und weiter auf den Hauptgipfel. – Der Markussteig trägt die Wegnummer 825. Auch er wurde stellenweise mit Sicherungen entschärft und zeichnet sich besonders durch die Tiefblicke auf den Leopoldsteinersee aus.

Auch der Tiefblick auf Eisenerz mit dem „künstlichen" Erzberg darüber, aber ebenso der Fernblick nach Westen und Südwesten zu den Gesäusebergen sowie der instruktive Einblick in den westlichen, weniger bekannten Teil der Hochschwab-Gruppe faszinieren den Bergfreund. Wer auf dem Markussteig talwärts wandert, keine Müdigkeit verspürt und vielleicht sogar Kletterambitionen hat, sollte noch rasch den Westgrat des Berges versuchen – eine nur im unteren Abschnitt gesicherte Kletterei im II. Schwierigkeitsgrad mit ganz origineller Schlüsselstelle.

Der Gipfel des Pfaffensteins. Im Hintergrund der Kaiserschild, links unten im Tal Eisenerz.

Der Haidsteig

17

Ein Superlativ an der Raxalpe

An den Wiener Hausbergen kommt der Haidsteig dem Ideal eines gesicherten Felsensteiges am nächsten. Er gilt denn auch als einer der kühnsten und landschaftlich schönsten Eisenwege in den Ostalpen. Der Wiener August Cepl hat in den Jahren 1910 bis 1913 diesen Durchstieg durch die Südostabstürze der Preinerwand erkundet und mit künstlichen Steighilfen versehen. Der Anstieg verläuft großteils im steilen Felsgelände und bietet neben beeindruckender Ausgesetztheit auch zahlreiche interessante Kletterpassagen. Ein luftiger eiserner Steigbaum bildet den Auftakt. Dann wird ein senkrechter Wandabschnitt entlang fixierter Drahtseile höchst abwechslungsreich überwunden. Krönung ist jedoch die Durchsteigung einer beängstigend schmalen Schlucht am Gipfelmassiv. Aus diesem dunklen Felsdom führt der Steig durch senkrechte Wände wiederum empor zur freien Grathöhe. Originell ist auch der Zugang. Dieser erfolgt nicht wie üblich aus dem Tal, sondern von der Rax-Hochfläche her im Abstieg. Man wandert von der Bergstation der Rax-Seilbahn am Otto-Haus vorbei zum Sattel am Schröckenfuchs-Kreuz und steigt dann über die Preiner Schütt, dem größten Schuttfeld an der Rax, zum Wandfuß ab. Nach Begehung des Haidsteiges schließt sich die Runde mit einem hochalpinen Spaziergang am Plateaurand entlang zum Otto-Haus.

Nur trittfeste, im Felsgelände erfahrene Bergsteiger sollten sich an eine Begehung des Haidsteiges heranwagen. Mehrere Eisen-Steigbäume wie auch etliche drahtseilgesicherte Passagen erfordern ein gewisses Maß an Kaltblütigkeit. Dem Geübten aber vermittelt diese an Dolomitenverhältnisse erinnernde Klettersteigfahrt ein wirklich unvergeßliches Bergerlebnis!

TOURISTISCHE ANGABEN

Ausgangs- und Stützpunkte:
Payerbach – Reichenau, 483 m; Hirschwang, 497 m. Beide Orte liegen in einem weiten Talbecken am Südeingang in das wildromantische Höllental. Hotel Rax-Seilbahn, 1547 m, privat, 80 B, ganzj. geöffnet; Otto-Haus, 1644 m; AVS-Reichenau, 86 B, 32 L, ganzj. bew. Beide Unterkünfte liegen am Südostrand der ausgedehnten Rax-Hochfläche.

Höhenunterschiede und Gehzeiten:
Haidsteig, 350 m; Hotel Rax-Seilbahn – Haidsteig (Einstieg) $1^1/_2$ Std.; Haidsteig $1–1^1/_2$ Std.; Preinerwand (Gipfel) – Hotel Rax-Seilbahn $1^1/_2$ Std.

Schwierigkeiten:
Einige im Laufe der Jahre durch massiven Steinschlag abgebogene Eisenstifte können weniger Geübten Schwierigkeiten bereiten. Solche Passagen sind jedoch durch Drahtseile gut gesichert.

Der Haidsteig gehört zu den kühnsten Klettersteiganlagen. Äußerst luftige Passagen fordern ein gewisses Maß an Klettergewandtheit. Wie auf dem Bild gut erkennbar, sind die Trittstifte nicht in bestem Zustand. Der Bergsteiger kann solche Stellen aber „auf Reibung gehend“ trotzdem sicher überwinden. Der mitlaufende Karabiner ist hier jedoch keineswegs fehl am Platze.

18 19 Teufelsbadstuben- und Alpenvereinssteig

Klettersteig-Nostalgie am Lieblingsberg der Wiener

TOURISTISCHE ANGABEN

Ausgangs- und Stützpunkte:
Payerbach – Reichenau, 483 m; Hirschwang, 497 m. Beide Orte liegen in einem weiten Talbecken am Südeingang in das wildromantische Höllental (nicht verwechseln mit dem Großen Höllental!). Weichtalhaus, 563 m, im Höllental; Touristenverein „Die Naturfreunde", 30 B, 40 L, ganzj. bew.; Otto-Haus, 1644 m, am Südostrand der Rax-Hochfläche gelegen; AVS-Reichenau, 86 B, 32 L, ganzj. bew.;

Höhenunterschiede und Gehzeiten:
Höllentalstraße – Einstieg zum Teufelsbadstubensteig ↗ 350 m, 1 Std.; Teufelsbadstubensteig – Otto-Haus ↗ 750 m, 2–2½ Std.; Otto-Haus – Alpenvereinssteig – Höllentalstraße 2–2½ Std.

Schwierigkeiten:
An den steilen Grashängen am Alpenvereinssteig nach Regenfällen besondere Vorsicht!

Auf der großen Leiter des Alpenvereinssteiges, der wie der Teufelsbadstubensteig aus dem Großen Höllental zur Rax-Hochfläche emporführt.

Kenner werden hier die Bezeichnung „Klettersteige" als reichlich übertrieben empfinden. Dennoch kann kein wirklicher Eisenweg-Fanatiker an diesen überaus beliebten, zu den ältesten gesicherten Steiganlagen der Alpen zählenden Anstiegen achtlos vorübergehen. Es gibt da unter den Wiener Bergsteigern verschworene Anhänger, denen die Begehung des Teufelsbadstubensteiges oder des Alpenvereinssteiges zur alljährlichen Pflicht geworden ist. Hat man sich als „alpines Greenhorn" dort noch nicht versucht, wird man leicht mitleidig belächelt. Dabei verlangen diese Wege alles andere als großes bergsteigerisches Können. Damals vielleicht, vor 180 Jahren, als Erzherzog Johann den Teufelsbadstubensteig aus Jagdgründen hatte anlegen lassen. Heute sind wohl andere Gründe dafür maßgebend, daß diese Anlagen nichts von ihrer Beliebtheit eingebüßt haben. Vor allem der landschaftliche Aspekt!

Nirgends an den Wiener Hausbergen gibt es großartigere Felsszenerien als im Großen Höllental. Aus diesem gewaltigen, fast 1000 Meter tief in das Raxmassiv eingehauenen „Canon" führen beide Routen zur Hochfläche empor. Bei unserem Tourenvorschlag wird der Teufelsbadstubensteig im Anstieg, der Alpenvereinssteig im Abstieg begangen – eine Kombination, die technisch wie landschaftlich mit so mancher Bergfahrt in den Hochalpen konkurrieren kann. Beide Anstiege verlaufen stellenweise als gut trassierte Wege durch steiles Gras- oder Schrofengelände, so daß sich die Sicherungen nur auf einige wenige Passagen beschränken. Die an senkrechter Wand befestigte luftige Treppen-Serpentine am unteren Alpenvereinssteig zählt da zu den besonderen Gustostückerln. Das ganze Unternehmen stellt in erster Linie Anforderungen an Ausdauer und Durchhaltevermögen, müssen doch im Auf und Ab jeweils an die 1000 Höhenmeter bewältigt werden.

So wird der Teufelsbadstubensteig erreicht: Von Payerbach bzw. Hirschwang mit Kfz oder Bus durch das Höllental über Kaiserbrunn zum Weichtalhaus. Bald danach mündet von links das Große Höllental. Dreihundert Meter vorher zweigt bei einem Parkplatz der gelb bezeichnete Steig in das Große Höllental ab. – Kurz aufwärts, dann nach rechts und oberhalb der Höllentalstraße durch Wald, bis der Steig nach links in das Große Höllental einschwenkt. Südwärts durch eine Felsrinne (Eisenstiege) hinauf zu einer Scharte zwischen Blechmauer (links) und einem Felsturm. Jenseits auf breitem Weg abwärts zur Höllental-Waldstraße. Auf dieser durch das von großartigen Wänden flankierte Tal einwärts zur Abzweigung des Teufelsbadstubensteiges (Tafel) nach links.

20
21

Wildenauer- und Pittentalersteig

Zwei rassige Mini-Eisenwege am Ostrand der Alpen

TOURISTISCHE ANGABEN

Ausgangs- und Stützpunkte:
Oberhöflein, 508 m, am Südfuß der Hohen Wand. Nächtigungsmöglichkeit in dem am Plateaurand gelegenen Hubertus-Haus, 946 m, ÖGV, im Sommer bew., 25 B, 25 L.

Höhenunterschiede und Gehzeiten:
Oberhöflein – Wildenauersteig (Einstieg) ↗ etwa 300 m; Wildenauersteig ↗ 120 m; Oberhöflein – Wandfußsteig 3/4–1 Std.; Wandfußsteig – Einstieg zum Wildenauersteig 1/4 Std.; Wildenauersteig 1/2 Std.; Abstieg über das Hubertus-Haus und den „Springlessteig" nach Oberhöflein 3/4 Std.

Schwierigkeiten:
Die großen Abstände zwischen den montierten Eisenklammern verlangen oft ein völliges „Aushängen" des Körpers. Große Armkraft, Schwindelfreiheit und Trittsicherheit sind unbedingt erforderlich!

Die unter den Wienern als Kletter-, Wander- und Erholungsgebiet gleichermaßen geschätzte Hohe Wand weist in ihrem südlichen Teil eine Steiganlage auf, die – trotz ihrer Kürze – der außerordentlich kühnen Linienführung wegen, zu den interessantesten gesicherten Anstiegen in diesem Buch zählen dürfte. Dabei wird die etwa 120 Meter hohe Hochfallwand durchstiegen, ein Gelände also, das ohne Sicherungen mit den Schwierigkeitsgraden V und IV anzusprechen wäre.

Schon im Jahre 1915 hatte der bekannte Erschließer der Hohen Wand, Prälat Dr. Alois Wildenauer, diese Route im Zuge einer kühnen Abseilfahrt erkundet. 1919 wurde dann der Weg durch Oberstleutnant Mühlhofer abgesichert und noch im selben Jahr seiner Bestimmung übergeben. Nach der steilen Einstiegswand und einer luftigen Querung folgt der Steig dem Verschneidungswinkel, den die Hochfallwand mit dem Wildenauerturm bildet und der im oberen Drittel in den senkrechten Hochfall-Schacht mündet. Auf Grund der weit auseinanderliegenden Eisenklammern ist die Route nur großgewachsenen Bergsteigern mit gehöriger Armkraft und turnerischer Gewandtheit zu empfehlen. Hat man aber nach all den Beschwernissen den Hochflächenrand der Hohen Wand erreicht, dann sollte man den zauberhaften Tiefblick in das Grünbacher Becken bis hinüber zum Schneeberg genießen. Wie mit einem Segelflugzeug vermeint man über dem gewellten Alpenvorland zu schweben. Mag es auch in den Alpen längere, großartigere Eisenwege geben, der Wildenauersteig muß sich dabei wahrlich nicht verstecken. Lokalpatriotismus oder nicht, jedenfalls sind wir auf ihn stolz, wir Wiener ...

Der luftige Eisen-Steigbaum am Beginn des Pittentalersteiges, der wie der Wildenauersteig zu den überaus anspruchsvollen Routen dieser Art zählt.
Kletterhilfen wie dieser Steigbaum sind überaus originell, jedoch für die meisten Eisenweggeher reichlich ungewohnt.

Im lieblichen verträumten Hügelland der Buckligen Welt liegt, schon etwas abseits des großen alpinen Geschehens, der mächtige Türkensturz. Seinen Scheitel schmückt eine weithin sichtbare, im Jahre 1826 erbaute, künstliche Ruine. 1532 sollen hier geschlagene Türken von ergrimmten ansässigen Bauern über die Westwand hinabgeschleudert worden sein. Durch diesen eindrucksvollen Felsabsturz führte der 1926 vom Österreichischen Touristenklub errichtete Pittentalersteig. Dieser wohl östlichste aller gesicherten alpinen Klettersteige wird wegen seiner kühnen Wegführung, seiner Länge und Schwierigkeit dem besprochenen Wildenauersteig gleichgestellt, von manchen sogar vorgezogen. Aus dem Tal gesehen, würde man an dieser kompakten Wandflucht kaum eine Durchstiegsmöglichkeit vermuten, geschweige denn die Existenz dieses relativ einfachen und gut gesicherten Steiges für möglich halten. Zu den schönsten Stellen des Anstieges zählt der luftige Eisen-Steigbaum gleich zu Beginn. Die folgende durch Stifte gesicherte, senkrechte Verschneidung hat schon manchem Anfänger das Gruseln gelehrt. Eine längere Querung in das Zentrum der Wand leitet zur Schlüsselstelle, einer 12 Meter hohen, senkrechten, überaus luftigen Verschneidung. Diese Stelle ist zwar durch ein herabhängendes Drahtseil gesichert, verlangt aber in Ermangelung geeigneter Tritte große Armkraft und etwas Überwindung. Eine besondere Freude bereitet der Abstieg! Er ist überraschend kurz und bietet keinerlei Probleme, so daß man im Nu wieder am Wandfuß anlangt und solcherart — falls man noch dazu Lust hat — die ganze Turnerei wieder von vorne beginnen kann.

TOURISTISCHE ANGABEN

Ausgangs- und Stützpunkte:
Gleißenfeld, 362 m, im romantischen, waldreichen Pittental gelegen.

Höhenunterschiede und Gehzeiten:
Gleißenfeld – Wandfuß 150 m, 20–30 Min.; Pittentalersteig 100 m, 1/2 Std.; ↙ nach Gleißenfeld 1/4 Std.

Schwierigkeiten:
Übung im Klettern sowie große Armkraft, vor allem an der senkrechten Schlußverschneidung unbedingt nötig (Absturzgefahr!).

In der Einstiegsseillänge (Verschneidung über dem Eisen-Steigbaum) des Pittentalersteiges, der zu den technisch anspruchsvollsten gesicherten Kletterführen dieses Buches gehört.

Zentralalpen

Die Zentralalpen, das „große Gebirg' ", wie wir sie immer respektvoll nannten, wenn wir für die Dreitausender der Ostalpen rüsteten, bieten vergleichsweise nur wenige Klettersteige. Die Majestät der überfirnten Hochgipfel, der diesem kombinierten Gelände eigene Charakter der Bergfahrten, die gegebene Strenge der Landschaft — hier sind Eisenwege nahezu fehl am Platze! Die älteste aller Steiganlagen, der 1869 mit Drahtseilen und Stiften gebändigte Südwestgrat auf den Großglockner (Stüdlgrat) wurde längst „aufgelassen", die Kletterei entspricht heute wieder ihrer ursprünglichen Schwierigkeit, dem III. Grad. Verblieben sind wenige Normalanstiege auf bekannte oder einsame Aussichtsberge, deren landschaftliche Vielfalt und die Schau auf gewaltige Gletscherströme oder zur „prominenten Nachbarschaft" schwerwiegender das Erlebnis beeinflussen als die gesicherten Passagen selbst.

Ein völlig einsamer Dreitausender ist der Hochreichkopf in den Kühtaier Bergen (Stubaier Alpen). Seine Abgelegenheit und die dadurch gegebene erholsame Stille wiegen den fehlenden sportlichen Charakter des Anstieges mehrfach auf. Allerdings bescheren selbst die reizvollsten Bergfahrten im Bereich des Kühtais den bitteren Beigeschmack der Zerstörung eines berühmten zentralalpinen Kleinods: die Finstertaler Seen werden auf Grund technischer Eingriffe bald der Vergangenheit angehören. Auch im Herzen der Zillertaler Alpen bietet sich ein problemloser, aber landschaftlich faszinierender Dreitausender an, das Schönbichler Horn, dessen Überschreitung großartige Einblicke in die Gletscherwelt des Zentralkammes bietet.

Abenteuerlich und sehr ernst zu nehmen sind die nur sparsam gesicherten Steiganlagen auf den Hohen Tenn (Glockner-Gruppe) und der Detmolder Steig in der Hochalmspitz-Gruppe der Hohen Tauern. Sie fordern neben sehr guter Kondition bereits ein höheres Maß an alpiner Erfahrung.

Zentralalpen — hier bewegt sich der Klettersteiggeher in ernster, hochalpiner Umgebung. Allerdings klingt der Begriff „Klettersteige" für die eigentlich nur da und dort mit Drahtseilen oder Stiften gesicherten Wegstücke auf einigen Normalanstiegen fast vermessen. Doch wird das Fehlen kühner Leiternserien durch ein packendes Landschaftserlebnis wettgemacht. — Das Bild zeigt den Schluß des Längentales, das im Zustieg für den Hochreichkopf durchwandert wird. Links der formschöne Gamezkogel, in der Mitte Hoher und Niederer Plattkogel.

22 # Der Hochreichkopf, 3008 m

Stille Aussichtskanzel in den Kühtaier Bergen

TOURISTISCHE ANGABEN

Ausgangs- und Stützpunkte: Kühtai, 1967 m; Dortmunder Hütte, 1948 m, 40 B, 40 M, Telefon. Der Steig verläuft östlich, etwas oberhalb der jetzigen Großbaustelle.

Höhenunterschiede und Gehzeiten: Dortmunder Hütte – Niederreichscharte ↗ 761 m, 3 Std.; Niederreichscharte – Hochreichkopf ↗ 280 m (Gegenanstiege), 2 Std.

Schwierigkeiten: Technisch problemlos, bei Schneelage anspruchsvoll, bei Nebel abzuraten.

Auf dem Anstieg zum Hochreichkopf. Ein verfrühter Wintereinbruch kann die Schwierigkeiten des an sich problemlosen, wenn auch in verhältnismäßig großer Höhe verlaufenden gesicherten Steiges erheblich verschärfen.

Wer einen stillen Dreitausender sucht, mit umfassendem Rundblick, ohne allzu beschwerlichen Anstieg aber mit gemütlichem Klettersteig zum Gipfel, der ist mit dem Hochreichkopf gut „bedient".

Die Wanderung hinauf durch das Längental ist ein Geheimrezept für streßgeplagte Großstadtmenschen. Nirgends habe ich die Sinfonie eines Wasserlaufes so beruhigend, besinnlich und tröstlich erlebt – auch ohne dröhnende Klammen und Wasserfälle. Wie sich der rauschende Wildbach im Talschluß verzweigt, sich allmählich in Rinnsale verästelt, wie es dann in den Karböden unter bemoosten Felsplatten und Blöcken gluckert und rieselt ... Und schließlich, verborgen zwischen Moränenrücken und begrünten Karen, die traumhafte Stille der beiden winzigen Hochgebirgsseen!

Vielleicht quert gerade ein Gamsrudel die schrofige Felsflanke des Roten Kogels und löst einige herabpolternde Steine, vielleicht pfeift auch ein Murmeltier, dem ein Windhauch den Geruch des ungewohnten Besuchers in die Nase trägt – sonst nur die Urlaute der Schöpfung – das Rinnen des Wassers zwischen Fels und Sumpf, das Raunen des Windes in den umliegenden Scharten. Hier hat wohl schon mancher vergessen, daß er heute noch auf einen Dreitausender möchte! Schließlich ging ich doch den Markierungen nach, die über unwegsames Gelände in den frühherbstlichen Pulverschnee der Nordkare emporführen. An der verwächteten Niederreichscharte der erste Blick in die Weite, hinüber ins Ötztal, dann schien es etwas ernster zu werden: Die Markierungen wiesen zu einem Gratrücken, der in leichter, anregender Kletterei überwunden wurde. Echte, schwierige Hindernisse konnten in der knietief verschneiten Nordflanke umgangen werden. Bald aber befand ich mich endgültig in der Sonnenseite. In einigen schattigen Felspartien immer wieder angewehter Schnee, wenige Drahtseile entschärften heikle Passagen. Immer steiler ragten die Felszacken des Grates empor und was sich da im weiteren Gratverlauf allmählich vor mir aufbaute, sah zunächst böse aus: Tiefverschneite Steilwände mit gefährlichen Abbrüchen, abweisende, wildzerklüftete Gratgendarme. Ein lehmig-bröseliger Serpentinenpfad führte zunächst in die Hochreichscharte, wo ich eine Überraschung erlebte: Rechts wilde Steilabbrüche, links harmloses Schrofengelände. Schnell und mühelos erreichte ich ein nagelneues Gipfelkreuz. Nach allen Richtungen, so weit das Auge reichte, bauten sich verschneite Bergketten auf, westwärts bis ins Endlose gestaffelt – wer zählt die Gipfel, nennt die Namen? Ausgeglichen und versonnen kehrte ich in die Zivilisation zurück.

23 Das Schönbichler Horn, 3133 m

Wander-Dreitausender im Herzen der Zillertaler Alpen

TOURISTISCHE ANGABEN

Ausgangs- und Stützpunkte: Mayrhofen, 630 m (Endstation der Zillertalbahn), oder Ginzling, 980 m im Zillertal; Breitlahner, 1257 m (großer Parkplatz); Berliner Hütte, 2040 m; bew. 15. 6. – 20. 9., 86 B, 83 M, 20 N, WR mit AV-Schlüssel, Telefon; Alpenrosenhütte, 1878 m, bew. Juni bis Ende Sept., 60 B, 27 M; Grawandhütte, 1640 m, bew. 15. 6. – 25. 9., 25 B, 5 M; Breitlahner, Whs. Eder, bew. von 1. 5. – 30. 10., 60 B, Telefon, Furtschaglhaus, 2295 m, bew. 20. 6. bis 20. 9., 26 B, 21 M, 12 N, WR mit 6 M.

Höhenunterschiede und Gehzeiten: Breitlahner – Berliner Hütte ↗ 783 m, 2¾ Std.; Berliner Hütte – Schönbichler Horn ↗ 1093 m, 3 Std.; Furtschaglhaus – Schönbichler Horn ↗ 838 m, 2¾ Std.

Schwierigkeiten: Bei gutem Wetter und entsprechender Ausaperung technisch problemlos (Gelände ohne Drahtseilsicherung I).

Die Zillertaler Alpen sind das Mekka der „Kombinierer" unter den Bergsteigern, auch – oder vor allem – für jene der schärferen Richtung! Eine Fundgrube also für Alpinisten, die über ein Allroundkönnen verfügen, in Fels und Eis gleichermaßen „ihren Mann" stehen, die schlechthin Bergsteiger im wahrsten Sinne des Wortes sind. Da gibt es die Sagwandspitze im Tuxer Hauptkamm, deren Nordwand die „Grandes Jorasses der Ostalpen" genannt worden ist; da stehen die Eisbollwerke von Hochferner und Hochfeiler, die elegante Berggestalt des Großen Möselers. Da erstrecken sich die zerklüfteten Eiswüsten von Schlegeis- und Waxeckkees – und gerade dort, gleichsam als leicht erreichbares Eiland inmitten einer scheinbar lebensfeindlichen Umwelt – erhebt sich das Schönbichler Horn, ein bescheidener Dreitausender und doch eine Aussichtswarte erster Ordnung, die eine Besteigung mehr als einmal rechtfertigt. Es wäre übertrieben, die Wege auf diesen Berg als Klettersteige anzusprechen. Gesicherte Steige – das würde besser den Sachverhalt treffen; aber hier steht, wie beim Augsburger Höhenweg, das Landschaftserlebnis über dem Weg selber.

Der klassische Ausgangspunkt ist die Berliner Hütte; ein malerischer und bequemer Hüttenanstieg schafft den willkommenen Ausgleich für eine strapaziöse und nervenaufreibende Autozufahrt – wehe dem, der hier einem ängstlichen Flachländer hinterher fahren muß! Das große, äußerlich eher reizlose Haus ist eine der ganz wenigen Hochgebirgshütten, deren stilvolle Innenausstattung den Charakter der Jahrhundertwende bewahrt haben – Denkmal einer noblen Pionierzeit.

Der morgendliche Aufstieg in strahlender Sonne führte zunächst durch den Moränentrog des Waxeckkeeses; hochinteressante Gletscherschliffe am östlichen, felsigen Rand, eine ausgeprägte Moräne auf der gegenüberliegenden Seite – ein lebendiges Lehrbuch der Geologie.

Viel zu kurz schien uns der Gang über den Scheitel dieses Moränenwalles, der uns eine Fülle interessanter Einblicke bot: das leere Gletscherbett, die abschmelzende Gletscherzunge, darüber das noch immer eindrucksvolle Kees mit einem Netz feiner Spalten. Über die grasige, blockdurchsetzte Flanke gelangten wir bald zu einer gemütlichen Rampe, wo uns ein kurzes Drahtseil den Weg zum breiten, flachen Gratrücken emporwies. Der Blockgrat wurde allmählich steiler, blieb aber gemütlich, auch der letzte Aufschwung erwies sich mit Hilfe von einigen Drahtseilen als problemloses, unbeschwertes Vergnügen. Ein unvergeßlicher Augenblick war die Ankunft am riesigen Steinmann auf der Schönbichler Scharte: knietiefer, verwächteter Pulverschnee, gegen Süden der verfirnte Grat, der mit endlos scheinenden Felszacken zum Großen Möseler emporzieht. Vor uns die glitzernde und funkelnde Kette des Ziller-

Auf dem Weg zum Schönbichler Horn. Über das zerklüftete Waxeckkees und den Roßrücken hinweg reicht die Schau zum Turnerkamp.

taler Hauptkammes, davor riesige, spaltendurchsetzte Gletscher und blendende Firnfelder, auf denen man einzelne Seilschaften mit freiem Auge verfolgen konnte. Ab und zu wehte ein eisiger Windhauch aus dem Zemmgrund die Schneekristalle hoch, trug das Murmeln ferner Wildbäche an unser Ohr.

Nur wenige Minuten nordwärts über das gesicherte Blockwerk des Grates, dann standen wir am Gipfelkreuz, suchten uns eine windgeschützte Mulde und gaben uns endlosem Schauen hin.

Als wir nach langer, unvergeßlicher Rast den Abstieg antraten, waren wir wieder frisch wie am frühen Morgen.

Der Abstieg in der Westflanke war eher noch gutmütiger, brave Drahtseile halfen auch hier über die immer noch beinharten Altschneereste.

Den Hochfeiler und das Schlegeiskees stets vor Augen, erreichten wir bald das Furtschaglhaus und nach weiterer Rast schließlich den Schlegeisspeicher, in dessen grünen Wassern sich der Olperer spiegelte. Am großen Parkplatz waren wir herzlich froh, daß wir bald „Anschluß" hatten: Ein unbürokratischer Busfahrer nahm uns als Stehgäste mit hinab zum Breitlahner!

Ein unvergleichlich schönes Wochenende war vorüber. Die Bilder der Dreitausender mit den weiten Gletscherfeldern und der riesige Steinmann zwischen Pulverschnee und bemoosten, warmen Granitblöcken wurden zur bleibenden Erinnerung.

Die prächtigen Ausblicke vom Schönbichler Horn vermitteln nachhaltigere Eindrücke als das Wegerlebnis selbst. Im Bild der Große Möseler mit dem berühmten Firndreieck (über der Bildmitte im Schatten), rechts davon die weniger bekannte aber ungleich schwierigere Nordwestwand.

Der Hohe Tenn, 3368 m

24

Abenteuer im Hauptkamm der Großglockner-Gruppe

Bis vor noch nicht allzu langer Zeit gehörte der Hohe Tenn, Hochgipfel in der Großglockner-Gruppe der Hohen Tauern, zu den vergessenen Bergsteigerzielen. Die berühmten Nachbarn stahlen ihm die Schau – allen voran das Große Wiesbachhorn, dessen Kaindlgrat und Nordwestwand zu den größten Modetouren der Ostalpen zählen; für den Hochtourengeher einerseits, andererseits für den geübten Steileisspezialisten.

Auch der Hohe Tenn fällt gegen Norden mit einer großen Eiswand ab. Sie ist wesentlich höher als die Wiesbachhornwand, allerdings bedeutend flacher. Der Normalanstieg aber dürfte insgesamt interessanter sein als jener auf seinen prominenten Nachbarberg. Und langsam, in einer Zeit, wo das „abseits von Modebergen" mehr und mehr „in" wird, erinnern sich so manche, daß es eine Gleiwitzer Hütte gibt – und einen Hohen Tenn, der sich vom Talkessel des Zeller Sees oder von Saalfelden so überaus bescheiden hinter dem Imbachhorn verbirgt ...

Bei hochsommerlicher Mittagshitze begannen wir den Anstieg zur Hütte, schleppten aus 800 m Tiefe die schweren Rucksäcke bergwärts. Steigeisen, Pickel, Seil und auch sonst etwas mehr als den üblichen „Krempl": Der Hohe Tenn, hochalpines Ziel in den Hohen Tauern, bleibt trotz einiger Drahtseilsicherungen in den etwas anspruchsvollen Felspassagen eine ernstzunehmende Bergfahrt.

Zunächst der Schatten herrlicher Buchenwälder, zur Rechten die Klamm, immer wieder stürzen die Wasser des Hirzbaches mit breiten Bahnen über bemooste, haushohe Granitwände in gurgelnde Schlünde. Auf halbem Wege querten wir den Sturzbach und erreichten durch lichten Nadelwald und Latschen einen einsamen Almboden. Endlich, nach steilen Serpentinen über die letzten, grasigen Hänge standen wir etwas abgekämpft vor der Gleiwitzer Hütte.

Die Pyramide des Hohen-Tenn-Schneespitz ragte ins tiefe Blau des Nachmittagshimmels. Die mächtige Nordwand, tausend Meter hoch, im letzten Drittel 45 Grad steil, leitet aus bratschigen Felsflanken bis in eine Höhe von 3318 m – erstaunlicherweise die höchste unter den großen Eisflanken der Glockner-Gruppe, 1908 erstmals durchstiegen. Im späten Frühjahr 1935 sind zwei kühne Burschen sogar mit Skiern durch den Firn der Hochtenn-Nordwand abgefahren. Die beiden hatten sich ihre Steigeisen mit den Zacken nach außen auf den Rücken gebunden – tatsächlich konnte einer von ihnen auf diese Weise einen 250-m-Sturz abbremsen!

Da es zu spät war, um noch den Gipfel anzugehen, besuchten wir am Spätnachmittag noch den Hausberg der Hütte, das Imbachhorn – eine genußvolle, einsame Wande-

TOURISTISCHE ANGABEN

Ausgangs- und Stützpunkte:
Fusch an der Großglocknerstraße, 820 m; Gleiwitzer Hütte, 2176 m, bew. von Juni bis Ende Sept., 13 B, 72 M, 10 L, Winterraum.

Höhenunterschiede und Gehzeiten:
Gleiwitzer Hütte ↗ 1356 m; $3^1/_2$–$3^3/_4$ Std.; Gleiwitzer Hütte – Hoher Tenn ↗ 1192 m, $4^1/_2$–5 Std.

Schwierigkeiten:
Hochalpine, sehr ernstzunehmende Bergfahrt, gefährlicher Steilgrashang, über 3000 m ist stets mit Neuschnee zu rechnen. Gipfelhang zum Schneespitz und Grat zum Bergspitz stets überfirnt, manchmal auch Blankeis (I).
Kleiner Tenn sehr luftig (drahtseilgesichert), Pickel unbedingt erforderlich, zusätzlich Steigeisen, Seil oder zumindest Brustgeschirr dringend anzuraten. Bei Schlechtwetter ist von der Tour abzuraten.
Die Steilgraspassagen über dem Spitzbrett, vormals im oberen Teil ungesichert, wurden 1977 von der Sektion Tittmoning versichert.

Die Steiganlage auf den Hohen Tenn ist streckenweise sehr ausgesetzt. Die schmalen Grasbänder verlangen, besonders bei Nässe, absolute Trittsicherheit und äußerste Vorsicht, insbesondere dann, wenn – wie hier – die Drahtseile nicht straff gespannt sind und keine hundertprozentig verläßliche Fortbewegungshilfe bieten.

rung. An dem weit nach Norden vorgeschobenen Aussichtsberg erlebten wir eine herrliche Abendstimmung mit Blick auf Zell am See, in der Ferne glitzerte der Dachstein.

Abends waren wir die einzigen Gäste in der großen Gleiwitzer Hütte: „Bei dieser Hitze riskieren nur wenige den langen Hüttenanstieg", seufzte der freundliche Wirt und kam im Laufe des Abends sehr ausführlich auf seine Versorgungsprobleme zu sprechen: „Am Anfang der Saison bestelle ich den Hubschrauber. Er fliegt dreizehn Mal mit je 750 kg, in einer Stunde ist alles vorbei, da muß alles oben sein, vom Kohlensack bis zum letzten Zahnstocher ... 3000 Mark kostet das Ganze ..." An manchem Hüttenwirt muß wirklich ein Organisationsgenie verlorengegangen sein, zumal er damit rechnen muß, daß hier bei Regen erst recht tagelang kein einziger Besucher auftaucht.

Bei diesigem Wetter brachen wir anderntags auf. Über den „Gleiwitzer Höhenweg" ging's zunächst recht gemütlich ins geröllerfüllte Ochsenkar. Über einem kleinen Firnfeld ragte jäh der Grat auf — hier schien es ernster zu werden: Ein steiler, glatter Plattenschuß in der Verschneidung zum senkrecht aufragenden Spitzbrettkopf, wüst verknüpfte Drahtseile, einige Stifte und Klammern.

Nach kurzer Anstrengung standen wir am felsigen Grat des Spitzbrettes, unter uns die Moränen und geröllbedeckten Eisfelder des zurückgehenden Gletschers, vor uns der gesamte, gekrümmte Gratverlauf. Wacklige, aber gut verankerte Drahtseile führten nun weiter über den Felsgrat des Spitzbrettes, verliefen aber bald in der grasigen, steilen Südflanke. Anfangs noch ganz gut gesichert, ging's nun über ausgetretene, immer schmälere und dürftigere Grasbänder quer weiter längs des Steilhanges, der mehrere hundert Meter unter uns mit senkrechten Wänden auf den Gletscher abbrach. Erleichtert erreichten wir den breiten, sicheren Nordgrat — erster Tiefblick ins Kapruner Tal, gegenüber das Kitzsteinhorn!

Über Platten, Schutt, Blockwerk und Schneereste führte der Grat bald in die verschneite Flanke des Bauernbrachkopfes, eine gute Spur im Firn leitete uns an die Dreitausendmeter-Grenze heran.

Von allen Seiten zog nun Nebel auf — ein letzter Blick hinüber auf den ersehnten Gipfelhang — dann braute die Wolkenküche einen geschlossenen Vorhang aus milchigtrübem Grau und Weiß, die Szenerie aus Schnee, Fels und Wolken verschwamm in konturenlosen Schatten. Während wir der Spur folgten, riß der Nebel kurz auf und wir erblickten vor uns den luftigen Felsgrat des Kleinen Tenn. Ein steiler Kamin eröffnete ihn, dann folgte ein gesicherter Überhang. Wir waren froh um unsere bisher unnützen Brustgeschirre, denn das Eisen war kalt und naß, die Finger klamm. Bald hatten wir auch die zweite Felsbarriere überwunden. Ein Windstoß riß zum letzten Male kurz den Nebel auseinander; hunderte von Metern unter uns gähnte der Talgrund, vor uns flimmerte die nur fußbreite Scharte, die zum Westgrat des Schneespitz hinüberleitete.

Mit Pickel, Steigeisen und Seilsicherung gingen wir die luftige Stelle an, wiederum aufziehende Nebel ersparten uns gnädig weitere Tiefblicke. Doch schneller als gedacht erreichten wir über den Nordwestkamm den Gipfel des Schneespitz und machten uns fröstelnd und im Stehen über die wohlverdiente Brotzeit. Bevor wir abstiegen, entschlossen wir uns, trotz des dicken Nebels auch noch den höchsten Gipfel „mitzunehmen": Also noch weiter hinauf in die Waschküche und über den schneidigen, verwächteten Tennsattel hinüber auf den Bergspitz — 3368 m!

Nahes Donnergrollen trieb uns zu sofortigem, eiligem Abstieg. Keinen Augenblick zu früh — der nächste Donnerschlag war bedenklich nahe, und es begann zu graupeln. Als wir den Nordgrat erreichten, ging der Naßschnee endgültig in strömenden Regen über. Mit Hilfe der Pickel sicherten wir uns über die lehmigen, glitschigen Grasbänder am triefnassen Steilhang.

Tropfnaß wie vollgesaugte Schwämme erreichten wir schließlich die Hütte, mit dampfendem Glühwein feierten wir unser Gipfelabenteuer. Grau und abweisend ragten die Konturen einiger Grate und Gipfel in den regenverhangenen Himmel, als wir wieder vor die Hütte traten. Der Abstieg in triefnassen Schuhen und tropfenden Kleidern konnte unsere glücklichen Erinnerungen an den Gipfel nicht trüben.

Hochalmspitze, 3360 m, Detmolder Steiganlage

25

Im Eis und Urgestein der einsamen Ankogel-Gruppe

Selten schöne Herbsttage in Wien! Schon seit Tagen war ein wetterbeständiges Hoch angesagt. Doch vor einer Woche hatte es die ersten Schneefälle gegeben — 30 bis 40 cm Neuschnee, Großglockner-Hochalpenstraße gesperrt. Ist auch unser Gipfelabenteuer gefährdet?

Zu dritt stiegen wir nach einer arbeitsreichen Woche in den Nachtschnellzug von Wien-Südbahnhof nach Villach/Mallnitz. Monoton eingeschaukelt fielen wir sofort in tiefen Schlaf. In Villach mußten wir zu nachtschlafener Zeit umsteigen; Kälte, verdutztes Bahnpersonal. Fragen wie: „Was, jetzt wollt ihr auf die Hochalm?“ „In Mallnitz war zu Wochenbeginn 30 cm Neuschnee gelegen — erst oben . . .?!“ In gedämpfter Stimmung stiegen wir mit Pickel, Seil und großen Rucksäcken in den Salzburger Personenzug. Grausames Spiel der Natur: Zuerst tagelang Kaiserwetter und übers Wochenende sollte es schlecht werden? Mein Freund weckte mich unsanft aus dem Dämmerschlaf. Sonnenstrahlen! Über nebelverhangenen Talzonen nahm der wolkenlose Himmel Besitz vom aufbrechenden Morgen. Knapp nach 6.30 Uhr hatten wir Mallnitz erreicht. Der Ort war wie ausgestorben, keine wie sonst übliche Geschäftigkeit — lediglich im Fremdenverkehrsbüro herrschte reges Leben. Dem Aufstieg durch das Seebachtal stand nichts mehr im Wege. Schade, die Tage waren kurz, die gesamte Überschreitung des Hochalmspitz-Säuleck-Kammes nicht mehr möglich.

Doch was sollte die Träumerei! Erst einmal stand der lange Aufstieg zur Celler Hütte auf dem Programm. Da noch keine Skisaison war, ging's zu Fuß zur Schwußnerhütte; sonst kürzt der Postautobus den Zustieg zum Selbstversorgerstützpunkt um gut $1^1/_2$ Stunden ab. Die Bedenken verflogen mit den Höhenmetern, die wir zügig meistern konnten. Stahlblauer Himmel überspannte die jäh bis ins Tal abfallenden Hänge und Gipfel. Schwer hingen die Rucksäcke an unseren gebeugten Schultern. Es war eben doch keine „gewöhnliche“ Klettersteigtour! Eher ein hochalpiner Gipfelgang mit Hilfe einiger Steighilfen und Drahtseile.

Spät, sehr spät wurde die Celler Hütte, 1964 nach der Vernichtung durch eine Lawine wiederaufgebaut, erreicht. Zu oft stoppte ein Bächlein oder die gewaltige Rundsicht unseren Schritt. Wir waren alleine in der peinlich sauberen Hütte, die wir mit Gas, Holz, Geschirr und warmen Decken ausgestattet vorfanden. Die feierliche Teewasserzeremonie nahm die nächste Zeit in Anspruch, wobei Erinnerungen von früheren Besuchen wachgerufen wurden. Zum Beispiel der Feldstecher, ob der vor zwei Jahren auch schon da war — es sind doch ehrliche Leute, die hier heraufkommen!

Horch, was kratzt es vor der Hütte? Schritte näherten sich und bald füllte sich der kleine Raum. Abends, beim Schein der Petroleumlampe, zählte ich 13 Bergsteiger.

TOURISTISCHE ANGABEN

Ausgangs- und Stützpunkte: Mallnitz, 1190 m; Gmünd im Maltatal, 732 m; A.-v.-Schmid-Haus, 2272 m, bew. 25. 6. – 30. 9., Ostern, Pfingsten, 42 Schlafplätze, Winterraum; Villacher Hütte, 2194 m, Selbstversorgerhütte, AV-Schlüssel, 14 Lager; Celler Hütte, 2239 m, Selbstversorgerhütte, vom 15. 6. – 30. 9. offen, 10 L; Gießener Hütte, 2220 m, 24 B, 42 M, 10 L.

Höhenunterschiede und Gehzeiten: A.-v.-Schmid-Haus – Säuleck ↗ 813 m; Säuleck – Detmolder Grat – Lassacher Winkelscharte ↗↘; Lassacher Winkelscharte – Hochalmspitze ↗ 508 m; Hochalmspitze – Gießener Hütte ↘ 1166 m; zum A.-v.-Schmid-Haus $2^1/_2$ Std. ab Konradhütte, $4^1/_2$ Std. ab Mallnitz; zur Gießener Hütte 5 Std. ab Pflüglhof, $3^1/_2$ Std. ab Kohlmayerhaus; Detmolder Steiganlage – A.-v.-Schmid-Haus – Säuleck, 3085 m, $2^1/_2$ – Grazer Schartl $^1/_4$ – Lassacher Winkelscharte 3 – Hochalmspitze, 3360 m, 2 – Steinerner Mann $^1/_2$ – Gießener Hütte $1^1/_2$ Std. (insges. 9–10 Std.).

Blick auf den Südwestgrat der Hochalmspitze, über den die Detmolder Steiganlage verläuft. Aus der gegebenen Perspektive erscheint der Wegverlauf stark verkürzt. Vorne die Gussenbauerspitze, dahinter die Winkelspitze und schließlich die Tauernkönigin selbst.

Mühsam aber rasch stiegen wir dann am nächsten Morgen steil zur Lassacher Winkelscharte hinauf. Liselotte Buchenauer beschrieb die Rinne als gefährlich und rät davor ab. Uns war sie jedenfalls gnädig und ließ die Schuhspitzen nervenberuhigend tief in den harten Firn eindringen. Den Pickel hatten wir also nicht umsonst mitgenommen!

Schnell einige Fotos bei der Lassacher Winkelscharte, schon kamen trübe Wolkenschichten aus dem Süden heraufgezogen. Ein Wettlauf mit der Zeit begann. Wer war schneller — Wolken, Nebel — oder wir? Den Blick vom fernen Neubau der Gießener Hütte abwendend strebten wir schwer stapfend dem ersten Bollwerk des Südwestgrates zu. Faszinierend wie immer die beeindruckenden Plattenschüsse! Bald stießen wir auf Fels und wichen damit dem nicht ungefährlichen Rand des Trippkeeses aus. Der Fortsetzungsgrat wurde mit Hilfe von Drahtseilen genommen, Tiefblicke ins Seebachtal und auf die Gletscherwelt der „Hochalm" gaben dem Grat westalpines Gepräge. Enge Rinnen vermittelten den letzten Ausstieg zum Gipfel. Hoch über der Talregion, knapp über trüben Nebelfetzen, verbrachten wir die wohlverdiente Gipfelstunde. Bekanntes zog in 360-Grad-Schau vorbei — der Sonnblick, ja sogar der Glockner ließ sich erahnen. Doch Schluß mit den Träumereien! Zu lange war der Weiterweg zum Arthur-von-Schmid-Haus. Bedenken kamen auf — noch heute zum Schmid-Haus — über den Detmolder Grat und Säuleck? Dunkle Wolkenbänke entbanden uns von gar zu hoch geschraubten Herbstplänen. Biwak im September, es mußte nicht sein! Flink turnten wir wieder über den Südwestgrat zurück, hinab in die Scharte. Versonnen ging unser Blick zum Fortsetzungsgrat hinüber. Ja, vor zwei Jahren — Juli, ein langer Tag, wenig Gepäck, knapp vor einer Expedition, gut trainiert . . .

Teilweise abfahrend liefen wir dem Grund des Seebachtales zu. Wohl nur mehr drei Stunden bis zur Schwußnerhütte, dachte sich jeder von uns dreien. Stutzig wurden wir erst, als wir schon eine, zwei Stunden von Stein zu Stein hüpften — vom Saumpfad keine Spur. Nur die Karte nannte ihn! Ein Uhrenvergleich ließ mich zweifeln. Das würden nicht drei Stunden — eher fünf Stunden bis zur Schwußnerhütte sein. Langsam erlahmten die Kräfte. Seit 13 Stunden waren wir nun unterwegs. Auch ich konnte nicht klagen: meine neuen Schuhe lief ich erst ein . . .

Schon lange war die Sonne aus dem tiefen Seebachtal gewichen. Baumstämme, Gräben, Erlengebüsch versperrten die „Ideallinie" durch das Tal. Endlich! Ein richtiger Pfad führte im letzten Tageslicht zur Hütte. Die Wirtin kredenzte Speck und Widerwillen. Zwölf Stunden später fuhren wir am Westbahnhof in Wien ein. Eine Arbeitswoche hatte begonnen.

Schwierigkeiten:
Rot markierte Weg/Steiganlage, Hinweistafeln vorhanden, die Sicherungen werden ständig überprüft und wurden 1975 teilw. erneuert; sehr luftig, besonders durch die Höhenlage (über 3000 m) ernste, hochalpine Tour; alle Abstiege, besonders bei Schlechtwetter, sehr zeitraubend; nur bei absolut gutem Wetter begehen; langes Tageslicht ausnützen; Vereisungsgefahr, hochalpine Ausrüstung notwendig.

Die Detmolder Steiganlage bietet eine der eindrucksvollsten Bergfahrten der Ankogel-Gruppe. Schwierigste Stelle ist diese etwa dreißig Meter hohe Wandstufe in Nähe der Gussenbauerspitze.

Brenta, Dolomiten, Gardasee-Berge

Brenta und Dolomiten? Ist das nicht eine Einheit? Wird nicht immer wieder von den Brenta-Dolomiten gesprochen? Gewiß, doch es entspricht nicht den Tatsachen. Die Brenta-Gruppe ist ein eigener und von den Dolomiten streng geographisch abzutrennender Bergzug westlich der Etsch. Trotzdem – Dolomiten und Brenta sind *die* Klettersteigoasen. Kaum anderswo sind die Eisenwege kühner und luftiger angelegt, kaum ein zweitesmal bieten sich auf den vie ferrate abwechslungsreichere Landschaftsbilder.

Die Texte des folgenden Kapitels sind ein literarischer Nachlaß der unvergessenen Bergsteigerin und Schriftstellerin Hilde Frass. Sie hat die Vollendung dieses Buches nicht mehr erleben dürfen. An dem Tage, da die vierte Auflage ihres Erfolgsführers „Klettersteige der Dolomiten“ ausgeliefert wurde, hat sie nach einem schweren, mit unendlicher Geduld ertragenem Leiden für immer die Augen geschlossen. Der Bergsteiger, der auf Klettersteigen in der Brenta oder in den Dolomiten unterwegs ist, wird aber auf Schritt und Tritt dem Geist dieser tapferen Frau begegnen. Sie war es, die diese Wege den italienisch- und deutschsprechenden Bergsteigern schmackhaft gemacht und vielfach begeisternd über sie geschrieben hat.

Während der letzten Jahre zeigte der Club Alpino Italiano große Aktivität im Bau von Klettersteigen außerhalb der berühmten Gebirgsgruppen. So hat es den Anschein, Eisenwege würden wie Pilze aus dem Boden schießen. In der Tat ist gerade in der Provinz Trento und in den Gardasee-Bergen eine Reihe von sehr kühnen Klettersteigen entstanden, die jedoch vielfach nur über alpin unbedeutende Felsabbrüche leiten und meist auf besiedelten Hochflächen enden. Der landschaftlich reizvollste und auch bergsteigerisch interessanteste dieser neueren Wege befindet sich an der Rocchetta über Riva am Gardasee. Dieser Steig hat deshalb, im Gegensatz zu der erst 1976 eröffneten, wohl sehr schwierigen, jedoch gekünstelt angelegten und überstark besuchten Drahtseilroute auf den Monte Albano bei Mori, Aufnahme in diesem Buch gefunden.

Klettersteiggehen in den Dolomiten – das wird immer größter Wunsch des Eisenwegeliebhabers sein. Ein überreiches Netz hervorragend gesicherter vie ferrate, die teilweise an Kühnheit der Routenführung lediglich von wenigen Steigen der Julischen Alpen erreicht werden, haben die Dolomiten und die Brenta-Gruppe zu den mit Abstand bevorzugten Zielen der Klettersteigfreunde werden lassen.

Via delle Bocchette

26

Das Mekka der Klettersteigfreunde

Brenta — das ist wie ein Zauberwort für uns Bergsteiger nördlich des Zentralalpenkammes. Der Felskletterer denkt vor allem an die Guglia, an den Crozzon, an die Cima d'Ambiez oder an die Brenta Alta. Brenta — das ist das Bergreich mit den luftigsten und elegantesten Freiklettereien, mit den phantastischen Gipfelformen, mit dem rauhen, eisenfesten Fels. Brenta — das ist aber auch ein Paradies für die anspruchsvollen Bergwanderer, für die Freunde der gesicherten Steige. Die außerordentlich günstige Schichtung der Gesteine hat den größten Anteil daran, daß es heute den berühmten Bocchetteweg gibt; er ist längst ein Sammelbegriff für alle Brentahöhenwege geworden, die schon lange über das eigentliche Kernstück Tosa-Schutzhäuser — Tuckettühütte hinausreichen. Höhepunkt ist freilich nach wie vor der Augenblick, da der Wanderer dem „Welträtsel aus Stein", der kühnen Guglia, wie gebannt gegenübersteht und staunt: „Da soll man hinaufkönnen?"

Die Brenta-Eisenwege leiten nicht bis auf die Gipfel. Sie sind nach wie vor den Kletterern vorbehalten. Aber ist ein Erlebnis allein vom Gipfelsieg abhängig, bieten diese Steige „an den höchsten Punkten vorbei" nicht mindestens ebenso tiefe Eindrücke, auch wenn man sich in kein Gipfelbuch eintragen kann? Das Prinzip der Brentawegeerschließung ist vorbildlich. Leider steht dieses Beispiel einzig da — weder in den Dolomiten (zu denen die Brenta ja geographisch gar nicht zählt), noch in anderen Teilen der Ostalpen wurden die Gipfel von Eisenwegen verschont.

Vor Jahren, da die Eisenwegeerschließung in der Brenta noch in den Kinderschuhen steckte, haben Kletterer scherzhaft zwischen einem „oberen" (Bocchetteweg) und „unteren Radfahrweg" (Orsiweg) unterschieden. Heute gibt es dazu die Wege Brentari und Ideale, Ettore Castiglione, Bocchette Alte und Alfredo Benini, die teilweise bis in Höhen von 3000 Meter leiten und demnach für den erfahrenen Bergsteiger die Zugänge auf die Gipfel erheblich verkürzen. Doch selbst für den „Normalverbraucher" ist beispielsweise auf dem Sentiero delle Bocchette Alte Gletscherausrüstung und Übung im Eis erforderlich. Damit wird selbstverständlich auch eine Leistung gefordert, die über das Können der meisten Bergwanderer hinausgeht und es stellt sich die berechtigte Frage, ob das Maß dessen, was dem Normalbergsteiger zugemutet werden soll, dabei nicht schon erheblich überschritten ist.

Wie dem auch sei — die Brentasteige gehören mit zu den größten Attraktionen in den Alpen. Wer einmal im August dort unterwegs war, wird dies gerne bestätigen. So erfüllt sich hier das Schicksal aller Modeberggebiete: Überfüllte Hütten, in denen der Bergwanderer oft mit Bänken oder Tischen als Schlafunterlage vorlieb nehmen muß, das Schlangestehen vor den Leitern, Bergsteigerkarawanen auf den Bändern. Verständlich dieser Trubel, aber die Brentaberge sind eben unvergleichlich.

TOURISTISCHE ANGABEN

Ausgangs- und Stützpunkte: Madonna di Campiglio, 1522 m; Malga Valesinella, 1520 m; Molveno, 864 m; Pinzolo, 770 m; S. Lorenzo in Banale, 792 m; Rif. Tuckett e Sella, 2271 m, CAI-SAT, bew. Mitte Juni bis Ende Sept., 50 B, 40 L; Rif. dei Brentei „Mario e Alberto", 2120 m, CAI, bew. Mitte Juni bis Ende Sept., Unterkunft (B und L) für 120 Personen; Rif. della Tosa „Tomaso Pedrotti", 2491 m, CAI-SAT, bew. Mitte Juni bis Ende Sept., mehr als 100 B; Rif. „Angelo Alimonta", etwa 2550 m, privat, bew. Mitte Juni bis Ende Sept., 30 B; Rif. XII Apostoli „Carlo e Giuseppe Garbari", 2489 m, CAI-SAT, bew. Mitte Juni bis Ende Sept., 40 B; Rif. Silvio Agostini, 2410 m, privat, bew. Mitte Juni bis Ende Sept., 44 B, Matratzenlager.

Höhenunterschiede und Gehzeiten: Malga Valesinella – Rif. Tuckett ↗ 750 m, 2½ Std.; vom Grostè-Paß (hierher mit Schwebebahn) 1½ Std.; Malga Valesinella – Rif. Brentei ↗ 600 m, 2½ Std.; Rif. Brentei – Rif. Pedrotti ↗ 370 m, 1½ Std.; Molveno – Rif. Pedrotti ↗ 1630 m, 5 Std.; (Fortsetzung auf S. 102)

Über dem Val Brenta Alta erheben sich (von links) Sfulmini, Campanile Alto, Guglia und Brenta Alta. Die Stockwerkgliederung durch waagrechte Bänder, welche den Bau des Bocchetteweges begünstigt hatte, ist hier besonders deutlich zu erkennen. In der Tiefe der Verbindungsweg Brentei-Hütte – Bocca di Brenta.

Bleibt zu erwähnen, daß die nördlichen Brentabereiche angesichts des Südteiles ein Schattendasein fristen. Nun, die Gipfel sind dort weniger hoch, die Formen nicht so bestechend, aber gerade die Einsamkeit und das Fehlen bedeutender Stützpunkte üben einen großen Reiz auf Individualisten aus. Eine einzige Hütte dient zur Nächtigung, das Rifugio Peller über Male und Cles. Der beschauliche Wanderer, der Touren abseits der Modeberge sucht, wird in der nördlichen Brenta-Gruppe viel Freude finden.

Es ist schwierig, für die Brenta-Klettersteige die günstigsten Jahreszeiten zu empfehlen. Zu zeitig im Jahr erschwert der Schnee in den zahlreichen zu querenden Rinnen die Wanderungen, im Herbst, wo sich endlich die Ruhe ausbreitet, schließen die Hütten. Wer nicht auf sie angewiesen und gewohnt ist, Freibiwaks oder Zeltnächte zu verbringen, für den könnte ein Oktoberaufenthalt, vorausgesetzt, der Winter hat nicht verfrüht Einzug gehalten, die ideale Lösung sein.

Wer es wagen darf, dem sei zumindest eine Gipfelbesteigung dringend ans Herz gelegt: die Cima Tosa, 3173 m, der höchste Brentagipfel! Eine kurze, gutgriffige Steilstufe des Schwierigkeitsgrades II (mäßig schwierig für Geübte), darüber gutmütiges Schrofengelände und zuletzt ein wenig geneigter Firngrat sind die Stationen auf die ungeheure Aussichtswarte. Die verhältnismäßig bescheidene Mühe wird mit bewegenden Nahblicken und gewaltigen Fernsichen belohnt: auf das verwirrende Felsdorado um Guglia und Sfulmini, auf die gebänderte Felsflucht der Cima Brenta, zum unmittelbaren, etwas düster wirkenden Nachbarn Crozzon beispielsweise; natürlich hinüber zu den Dolomiten im Nordosten, jenseits des Etschtales und auf die Firne der Adamello-Presanella-Gruppe. Kletterern, die den Schwierigkeitsgrad III sicher beherrschen, stünde der Übergang zum Crozzon di Brenta über die etwas verwickelte Führe des Verbindungsgrates offen. In der Regel aber dient diese Route als Abstieg für Alpinisten, die den Crozzon über eine der fast neunhundert Meter hohen Wände oder Kanten erstiegen haben — ein ausgesprochen ungewöhnlicher Abstieg, über den höchsten Gipfel der Brenta!

Rif. Brentei – Rif. Alimonta ↗ 430 m, etwa 1 Std.; Pinzolo – Rif. XII Apostoli ↗ 1720 m, 5½ Std. (gut 2 Std. Zeitersparnis bei Benützung des Sessellifts auf den Doss del Sabbion; oder von Sant'-Antonio di Mavignola, 1122 m, durch das Val d'Agola 3 Std.); S. Lorenzo in Banale – Rif. Agostini ↗ 1420 m, 4½ Std.; Via delle Bocchette (von der Tuckett- zur Pedrotti/Tosa-Hütte) etwa 6 Std.; Sentiero Orsi (von der Tosa-Hütte zur Tuckett-Hütte) 4 Std.; Sentiero Brentari und Sentiero dell' Ideale (von der Tosa-Hütte zur Dodici-Apostoli-Hütte) 4½–5 Std.; Sentiero Ettore Castiglioni (von der Agostini- zur Dodici-Apostoli-Hütte) 2 Std.; Sentiero delle Bocchette Alte (vom Tuckettpaß zur Bocca degli Armi) 5½–6 Std.; Sentiero Alfredo Benini (vom Grostè-Paß zum Tuckettpaß) 3½ Std.

Schwierigkeiten:
Schwindelfreiheit, etwas Gewandtheit im Felsgelände und Ausdauer sind auf allen Brentaunternehmungen unerläßlich. Sentiero Brentari und dell' Ideale sowie Sentiero delle Bocchette Alte können tückisch sein, fordern Hochgebirgsausrüstung und Gletschererfahrung.

Die waagrechte Gesteinsschichtung wurde beim Bau des Bocchettenweges ideal genutzt. Von wenigen Unterbrechungen abgesehen, verlaufen die Steiganlagen über mehr oder minder breite Bänder.

Der Kesselkogel, 3004 m

27

Die Fürstenloge der Rosengarten-Gruppe

Klangvoll ist der Name „Rosengarten". Nicht nur in den Dolomiten, sondern im gesamten Alpenraum. Die ausgedehnte Rosengarten-Gruppe umfaßt eine Reihe kleinerer Untergruppen, die wegen ihrer großen Verschiedenartigkeit in Form und Aufbau faszinieren. Pralle Wände, bizarre Türme, tief eingerissene Scharten und Schluchten, breite Paßübergänge und liebliche Täler — das ist das Zauberreich des rätischen Königs Laurin.

Von diesem „künic lobesam" erzählt schon ein altes Spielmannslied aus dem dreizehnten Jahrhundert. Mit der Erforschung der Rosengartensage befaßte sich vor allem der Schriftsteller Karl Felix Wolff, der in Laurin und seinen Zwergen die sagenhaften Gestalten der Alpenraum-Urbewohner sieht. Wolff war es auch, der die eindeutige Beziehung der altladinischen „Enrosadüra" — dem herrlichen „Alpenglühen" in der Dämmerstunde — mit dem Rosenmotiv in Verbindung brachte.

König Laurin herrschte über ein weites, unterirdisches Reich im Inneren des Rosengartens. Eine Tarnkappe, die ihn unsichtbar machte, und ein Gürtel, der ihm die Stärke von zwölf Männern gab, waren die Trümpfe des kleinen Regenten. Vor seiner Felsburg blühten in einem wunderschönen Garten das ganze Jahr prachtvolle, rote Rosen. Dieser einmalige Rosengarten war mit goldenen Fäden umspannt und nur durch eine enge Pforte zu betreten. Laurin war nicht nur klein, er war auch sehr streitbar. Doch im Kampf gegen Dietrich von Bern unterlag er trotz seiner Geheimwaffen. Seit damals ist Laurins Rosengarten verschwunden, die Rosenglut erloschen, der Duft verweht, nackte Felstürme blieben von der Herrlichkeit übrig. Laurin hat seinen Garten verzaubert, als er in Ketten davongeführt wurde. „Weder der helle Tag noch die finstre Nacht sollen je meinen schönen Rosengarten wiedersehen!" Aber er hatte vergessen, die Abenddämmerung in seinen Fluch einzubeziehen. So leuchtet und glüht der steinerne Rosengarten an klaren Abenden heute noch in unwirklicher Schönheit.

Die charakteristische Silhouette des Rosengartens mit den flankierenden, kühn geformten Vajolettürmen wurde zum Wahrzeichen der Stadt Bozen, zu deren touristischem Renommee er nicht unwesentlich beiträgt.

Für die Bozner Bergsteiger liegt der Rosengarten sozusagen vor der Haustür. Aber auch das breitleibige Felsmassiv des Kesselkogels ist von der Talferstadt aus zu erblicken. Als Mittelpunkt der Rosengarten-Gruppe ist er der aussichtsreichste und höchste Gipfel und der einzige, der über dreitausend Meter hinaufreicht.

Im Jahr 1872 wurde der Kesselkogel erstmals von den Engländern C. C. Tucker und J. H. Carson mit dem Führer Antonio Bernard aus Campitello erstiegen. Die Partie

TOURISTISCHE ANGABEN

Ausgangs- und Stützpunkte:
Gardecciahütte, 1950 m, privat, bew. Mitte Juni bis Anfang Okt.; daneben noch zwei weitere private Hütten: Catinaccio und Stella Alpina; Vajolethütte, 2243 m, CAI, bew. Mitte Juni bis Ende Sept.; Grasleitenpaßhütte, 2599 m, privat, bew. Ende Juni bis Ende Sept.; Antermojahütte, 2496 m, CAI-SAT Trient, bew. von Juni bis Mitte Sept.

Höhenunterschiede und Gehzeiten:
Gardeccia – Vajolethütte – Grasleitenpaß ↗ 750 m, 2 Std.; Grasleitenpaß – Kesselkogel, 3004 m, etwa ↗ 400 m, $1^{1}/_{2}$ Std.; ↘ etwa 550 m über die gesicherte Nordostflanke ins Antermojakar, $1^{1}/_{4}$ Std.

Schwierigkeiten:
An kurzen Stellen etwas ausgesetzt, aber immer gut gesichert; Schwindelfreiheit und Trittsicherheit sind unerläßlich.

Hinweis:
Bei sommerlichem Neuschneefall Rutschgefahr im Geschröf; in der schattigeren Nordostflanke auch Vereisung möglich.

Auf dem Gipfel des Kesselkogels, der höchsten Erhebung des Rosengartens. Links des Kreuzes (das in jüngster Zeit mit Steinen „aufgefüllt" worden ist) die kühngeformte Rosengartenspitze.

GLI ALPINISTI VERONESI
14 Settembre

Tips für Tourenmöglichkeiten:
Man kann die Kesselkogelüberschreitung natürlich auch umgekehrt machen. Gehzeit Antermojahütte – Gipfel ↗ 2½ Std.; von der Vajolethütte zum Gartl, über den Santnerpaß (gesichert) zur Kölner Hütte – Karerpaß; vom Grasleitenpaß über den Molignonpaß zur Tierser-Alpl-Hütte – Roßzähne – Seiser Alm; vom Grasleitenpaß zur Grasleitenhütte – Tschamintal – Tiers; Antermojahütte – Passo delle Scalette – Gardeccia.

gelangte von Osten her auf den Kulminationspunkt. Vier Jahre später fand Johann Santner, der „Vater der Bozner Bergsteiger", der den Rosengarten kannte wie kein anderer, den Zugang über die Westflanke.

Es ist dies die Route, die heute der Klettersteig geschickt benützt. Über Geschröf und mehrere Bänder bietet er sich als nicht allzuschwieriger Aufstieg an. Gut markiert, mit Drahtseilen und einer Eisenleiter ausgestattet, gibt es kaum technische Probleme. Der letzte Grat ist etwas luftig – dafür steht man kurz darauf am kreuzgeschmückten Gipfel und wird mit „einem wunderherrlichen Blick über fast ganz Tirol" – so eine alte Aufzeichnung – beschenkt. Ringsum wildes Felsgewirr, tief unten der Antermojasee, darüber die Firnkönigin Marmolata; im Norden stehen die schimmernden Zentralalpen und im Westen reicht die Sicht über Almen und Waldlandschaft hinweg bis zum dunstigen Bozner Talkessel.

Plant man den Kesselkogelbesuch als Tagestour, so empfiehlt sich als Ausgangspunkt die Gardecciahütte, die man von Mazzin im Fassatal über eine gut befahrbare Bergstraße (6½ km) erreicht. Oder man fährt mit der Seilbahn von Vigo di Fassa nach Ciampedì und gelangt von dort auf wunderschönem, fast ebenem Weg in einer dreiviertel Stunde nach Gardeccia.

Markierung Nr. 546 führt an der Vajolethütte vorbei hinauf zum Grasleitenpaß. Bei den Fassanern heißt er „Passo del Principe" (Fürstensattel), weil ihn einst ein Brixner Kirchenfürst überschritt, um ins Fassatal zu gelangen. Eine kleine Privathütte steht genau auf der Paßkimme. Daneben eine Tafel, die zum Einstieg des gesicherten Klettersteiges auf den Kesselkogel verweist. Der weitere Aufstieg ist dank der Markierungen und Drahtseilsicherungen nicht zu verfehlen.

Über der Vajolethütte erhebt sich der im Vergleich zu den kühnen Vajolettürmen und zum eleganten Felsbau der Rosengartenspitze nicht sehr attraktive Kesselkogel, der jedoch den Trumpf der größten Höhe des Rosengartens besitzt. Das Bild zeigt die Westflanke, deren „schwächste Stelle" gut auszumachen ist: über ein im Zickzack verlaufendes Schrofenbändersystem wird der Gipfel verhältnismäßig unschwierig erreicht.

Der Kesselkogel hat nur wenige Klettereien von Format anzubieten. So etwa die Südwand, V, die 1914 H. Dülfer als erster im Alleingang durchstieg, und den Südgrat, IV, ein schöner und eleganter Felsgang, den ebenfalls H. Dülfer zusammen mit W. Schaarschmid entdeckte. 1965 wurde als bisher einzige extreme Felsführe der Große Westwandpfeiler eröffnet.

Trotzdem ist der wuchtige Klotz mit den gebänderten Steilflanken von Mitte Juni bis weit in den Herbst hinein einer der meistbesuchten Berge für trittsichere Genußtouristen. Dies um so mehr, seit man auch die etwas schwierigere Nordostflanke markiert und mit einigen Sicherungen und zwei Leitern bestückt hat. Im oberen Teil wird sie – ähnlich wie die Westseite – von einem breiten Band durchzogen, das die Klettersteigroute bestimmt.

Nach dem Geröllband wird über ein Wandl auf zwei Leitern problemlos abgestiegen, es folgen Drahtseile, leichte Felsstufen bis zum sattelartigen Felsrücken am Fuß des Wandaufbaues. Ab hier senkt sich ein rot bezeichneter Steig ostwärts in die blockbesetzte, schottrige Ebene des Antermojakessels. An seinem Ostrand steht die Antermojahütte neben dem funkelnden Seeauge.

Diese abwechslungsreiche und relativ unschwierige Kesselkogel-Überschreitung ist eine der empfehlenswertesten Touren im gesamten Rosengartengebiet. Will man zurück zum Grasleitenpaß (bzw. nach Gardeccia), so muß man allerdings vom Antermojakar eine Stunde Aufstieg, Markierung 584, auf den Antermojapaß, 2769 m, in Kauf nehmen. Jenseits über Geröllsteig hinunter zum Grasleitenpaß, 1/2 Stunde.

28 Der Oskar-Schuster-Steig

Klettersteigerlebnis in der Nordflanke des Plattkofels, 2964 m

TOURISTISCHE ANGABEN

Stützpunkte:
Verschiedene Schutzhütten und Berghäuser am Sellajoch, 2180 m; Toni-Demetz-Hütte auf der Langkofelscharte, 2681 m, privat, 18 B, 32 M, ganzjährig bew.; Langkofelhütte, 2251 m, CAI, 13 B, 37 M, bew. Mitte Juni bis Ende Sept.; Neue Plattkofelhütte am Fassajoch, 2300 m, privat, 35 B, 14 M, Fließwasser, Zentralheizung, bew. von Ende Juni bis Mitte Sept.

Höhenunterschiede und Gehzeiten:
Langkofelscharte – Langkofelhütte ↘ 430 m, 3/4 Std.; Langkofelhütte – Gipfel ↗ 700 m, 2 1/2 Std.; – Gipfel – Plattkofelhütte ↘ 650 m, 1 Std.; Höhenweg zum Sellajoch → 2 Std.

Schwierigkeiten:
Trotz Sicherungen und Markierungen ist der Oskar-Schuster-Steig keine Tour für Neulinge. Gute Trittsicherheit, Schwindelfreiheit und Erfahrung im Fels sind Voraussetzung. Bei Wetterstürzen und Vereisung (Nordseite!) erhöhen sich die Schwierigkeiten; unter Umständen auch Steinschlaggefahr.

Tips für Kombinationsmöglichkeiten:
Umwanderung des Langkofels; Klettersteige im Sellagebiet: Pößnecker- und Pisciadù-Steig.

Die Langkofel-Gruppe gehört unbedingt in das Programm der Bergsteiger, die eine Dolomitenfahrt machen. Eng gedrängt stehen die sechs Hauptgipfel – Langkofel, Fünffingerspitze, Grohmannspitze, Innerkoflerturm, Zahn- und Plattkofel – in einem nach Nordwesten offenen Halbkreis. Eine verwirrende Vielzahl an Kletterführen jeder Art und Schwierigkeit bietet sich in der gesamten Gruppe an, für deren einzelne Berggestalten ein massiver und zergliederter Aufbau charakteristisch ist.

Vorteilhaft für Bergsteiger und Felsgeher ist zudem die zentrale Lage und die leichte Erreichbarkeit der Langkofel-Gruppe. Durch die günstig gelegenen Hauptstützpunkte am Sellajoch wie auch durch die Lang- und Plattkofelhütte werden fast alle Einstiege in kurzer Zeit und auf guten Steigen erreicht. Unvergeßlich ist der Anblick der archaischen Nordostwand und der wildschönen Nordseite des Langkofels, deren mehr als tausend Meter hohe Abbrüche in sanften Almen und Grasmatten fußen. Graukalt und abweisend steht das himmelwärts strebende Korallengestein im diffusen Mittagslicht, goldrot aufflammend in den letzten Sonnenstrahlen – ein unverfälschtes Dolomitenbild und eine Erlebnisdichte, wie sie kaum anderswo in den Alpen zu finden ist. Die Dolomiten sind in vielerlei Hinsicht tatsächlich eine merkwürdige Landschaft. Das beginnt schon beim Namen. Er ist abgeleitet von einem Mineral, das seinerseits nach dem Mineralogen Dolomieu benannt ist.

Es ist schwierig sich vorzustellen, daß die Dolomiten meergeboren sind. Und zwar entstammen sie dem großen Triasmeer, der sogenannten Thetys. Vor rund zweihundert Millionen Jahren bedeckten im warmen Thetysmeer Myriaden von Muscheln, Schnecken und Kalkalgen den Grund und häuften im Laufe von dreißig Millionen Jahren kompakte Kalkschichten an, die heute das bewegte Gipfelbild der Dolomiten darstellen.

Vulkane unter und über dem Wasser überschütteten dazu immer wieder den Meeresgrund und warfen zwischen Korallenriffen und Kalkbänken Tuffschichten und Lavamassen auf. Nach der Ablagerungsepoche, Sediment- und Riffbildung hob sich der Meeresboden, enorme Druckkräfte bewirkten die Faltung der Alpen. In weiteren Jahrmillionen wurden die Massive gespalten, teilweise abgetragen, durch Erdbeben zerbröckelt. Regen, Hitze, Stürme, Frost, Eis, Erosion sowie die unterschiedliche Verwitterungsanfälligkeit der Gesteine und Schichten schufen schließlich jene attraktiven Dolomitengestalten, die immer wieder faszinieren. Dazu kommt die Vielfalt der Flora, die durch Art der Gesteine und des Nährbodens bedingt ist. In etwa zweitausend Meter Höhe, auf den weitwelligen Almböden aus angewitterten Tuff- und Lavamassen, ist der Blumenreichtum besonders groß. Ein bekanntes Beispiel dafür ist die berühmte Seiser Alm, deren Alpenblumenpracht Ende Juni Tausende von Südtirolbesuchern anlockt und entzückt. Um diese einmalige floristische Kostbarkeit vor Blumenräubern zu schützen, wurde im Sommer 1975 das gesamte Gebiet um Seiser Alm und Schlern unter strengen Naturschutz gestellt.

Das aus den Samtmatten aufsteigende, steinerne Triangel des Plattkofels gehört zusammen mit dem gotischen Langkofel und dem Schlernbuckel zum bekannten Panorama der Seiser Alm. Kaum zu glauben, daß die Nordflanke des Plattkofels von verwirrenden Eisschluchten und abweisenden Steilrinnen zerhackt ist. Durch dieses wilde Felsenlabyrinth führt überraschenderweise ein gesicherter Klettersteig, der Oskar-Schuster-Steig. Über ein System von Rinnen, Felswandln und Bändern erreicht man relativ unschwierig, doch mit einem Höchstmaß an Spannung und landschaftlichem Klettersteigerlebnis den Gipfel.

Am besten parkt man am Sellajoch (auch Busdienst) und fährt mit dem Gondellift bis zur Toni-Demetz-Hütte hinauf, die auf der engen Langkofelscharte steht. Man erspart sich mühsame fünfhundert Höhenmeter. Jenseits senkt sich der Schottersteig Nr. 525, manchmal mit Schneeresten, rasch ins Langkofelkar hinunter. Auf der linken Wölbung eines Schuttkessels steht die Langkofelhütte.

Ein guter Steig bringt ins Plattkofelkar zwischen Zahn- und Plattkofel und, ohne den kleinen Gletscher zu berühren, zum Einstieg. Sich nach rechts wendend erreicht man ein Schrofenband und eine Scharte hinter einem kleinen Felskopf. Immer den deutlichen Markierungen und Drahtseilen folgend durchsteigt man mehr oder weniger ausgesetztes Gelände, kleine Risse, Geschröf, schmale Bänder und Geröllstufen. Bei einer kleinen, oft vereisten Scharte mit phantastischem Tiefblick quert man unter einer dunklen Kaminreihe durch, verliert etwas an Höhe und steht vor einer gutgriffigen Wand. Diese ist ausgezeichnet gesichert und bietet kaum Probleme. Mit dem Erreichen der breiten Geröllrinne sind die Schwierigkeiten zu Ende. Brüchiges, aber leichtes Geschröf führt rechts neben der Rinne auf den Gipfelkamm, den man südlich, knapp unter dem Nordwestgipfel betritt. Von hier in wenigen Minuten zum nahen Mittelgipfel mit dem großen Kreuz.

Der Tiefblick zur weitwelligen Seiser Alm, die Sicht über nahe Dolomitengruppen und ferne Gletscher sind grandios. Doch die Szene beherrscht der unmittelbar gegenüberliegende Langkofel mit seiner Wunderwelt von Zacken, Zinnen, zerborstenen Türmen und Abstürzen.

Völlig gegensätzlich ist die breite, trapezförmige Südwestabdachung des Plattkofels. Dank der verhältnismäßig geringen Neigung von dreißig Grad gehört die schräge

Auf dem Oskar-Schuster-Steig, der die ein wenig abweisend scheinende Nordflanke des Plattkofels recht gut überwinden hilft. Das Klettersteigerlebnis wird nicht zuletzt durch die packenden Einblicke in die Felswildnis des Plattkofelkars entscheidend beeinflußt.

Riesenebene im Spätfrühling zu einer der beliebtesten Skihochtouren im Seiser-Alm-Gebiet. Außerdem ist der Plattkofel der einzige für alpin erfahrene Wanderer leicht erreichbare Gipfel der ganzen Gruppe.

Auf Steigspuren, teilweise mit Steinmandln und roten Zeichen markiert (Achtung im Nebel!), gelangt man unschwierig, aber nicht sehr freudsam über groben Schotter, zu der schon vom Gipfel aus sichtbaren Plattkofelhütte am Fassajoch.

Ein würdiges Finale ist dann das genüßliche Hinüberschlendern über den fast ebenen Friedrich-August-Weg, Markierung 617/4, bis zum Sellajoch. Der Steig schlängelt sich aussichtsreich entlang der Südwände von Zahnkofel, Innerkoflerturm und Grohmannspitze — alles Hochburgen für versierte Kletterer.

Der mächtige Plattkofel von der Seiser Alm. Rechts die etwa dreißig Grad geneigte Südwestabdachung, über die der Abstieg führt.

Der Pisciadù-Steig

Durch die wilde Sella-Nordflanke

Das Grödental endet an der massigen Stirn des Sellastockes. Zwei Übergänge — Sellapaß und Grödner Joch — verbinden es mit anderen Dolomitentälern.

Der frühen Sage nach hausten im Grödental „Salvans" und „Cristanes". Wilde Leute, die sich als die ersten Bewohner in Felshöhlen einnisteten. Die frühesten nachweisbaren Siedlungen lagen auf der Sonnenseite, hoch über den heutigen Ortschaften. Illyrer verschanzten sich dort hinter Steinwällen auf dominierenden Bergkuppen. Am Col de Flam über St. Ulrich fand man 1882 Spuren prähistorischer Aschengräber mit Schmuckstücken, Hausgeräten und Waffen aus der La-Tène-Zeit. Für Illyrer, Etrusker und Kelten war das Tal ein stark frequentiertes Gebiet, das durch den Saumpfad „Troi Pajàn" (Heidenweg) von St. Ulrich über Lajen bis nach Waidbruck erschlossen wurde.

Handwerk und Fremdenverkehr sind die Haupteinnahmequellen der heute noch ladinisch sprechenden Grödner. Die „Herrgottschnitzer" und Holzbildhauer genießen den gleichen Weltruf wie die mit neunzig Bergbahnen und Liften erschlossene Grödner Skiarena. Der Zauber dieser Landschaft liegt in den Kontrasten, im aufregenden Gegensatz von bizarrer Wildheit und lieblicher Harmonie. Im Sommer bietet Gröden — außer rasanten Klettereien — sportliche und schier unerschöpfliche Wander- und Tourenvarianten kreuz und quer durch dieses dolomitische Wunderland.

Seit ein paar Jahren sind die gesicherten Klettersteige zur alpinen Attraktion geworden. Der erste, bereits im Jahr 1910 angelegte Klettersteig ist der Pößnecker-Weg, der über die westliche, teilweise überhängende Felsbastion des Sellastockes die Hochfläche des Piz Selva, 2941 m, erreicht. Seine Begehung setzt trotz aller Steighilfen alpine Erfahrung und große Sicherheit im Fels voraus.

Das leichtere Pendant zum Pößnecker-Steig zwängt sich durch eine der wildesten und romantischsten Falten der Sella-Nordflanke hinauf. Diese seit 1968 durchgehend gesicherte Route dürfte einer der frequentiertesten dolomitischen Eisenwege sein. Das spricht für diesen Sella-Felsgang als optimales Klettersteigerlebnis.

Bei der Erstellung des kühn und geschickt angelegten Pisciadù-Klettersteiges war der Bergführer und Hüttenwirt Germano Kostner zusammen mit Alpinisoldaten aus dem Trentino maßgeblich beteiligt. Ihnen zu Ehren wurde die Route offiziell „Via Ferrata Brigata Trentina" benannt. Unter den deutschsprachigen Touristen ist diese Bezeichnung so gut wie unbekannt. Für sie wurde der Eisenweg unter dem Namen „Pisciadù-Klettersteig" berühmt.

TOURISTISCHE ANGABEN

Stützpunkte:
Grödner Joch, 2130 m, einige Gasthäuser; Pisciadùhütte, 2583 m, CAI, bew. Anfang Juli bis Ende Sept.

Höhenunterschiede und Gehzeiten:
↗ von der Schottergrube bis zur Pendelbrücke etwa **550 m**, $2^1/_2$–3 Std.; ↘ von der Pisciadùhütte durch das steile Val Setùs, Nr. 666, teilweise gesichert, zur Schottergrube oder zum Grödner Joch, $1^1/_2$ Std.

Schwierigkeiten:
Erster Teil mäßig schwierig, zweiter Teil anspruchsvoller; völlige Schwindelfreiheit, Trittsicherheit und Selbstsicherung, falls man nicht am Seil eines guten Partners geht, sind Voraussetzung. Bei gutem Wetter erst ab Mitte Juli (Nordseite!).

Hinweis:
Steinschlaggefahr wenn mehrere Partien unterwegs sind.

Tips für Tourenmöglichkeiten:
Die Besteigung des aussichtsreichen, unschwierigen Pisciadù-Gipfels, 2985 m (↗ ab Hütte etwa $1^1/_2$ Std.), der am Weg (Nr. 666, 649, 647) quer durch die Sella-Hochfläche zur Boè-Hütte, 2871 m, 2 Std., liegt;
(Fortsetzung auf S. 116)

Hervorragende Sicherungen erleichtern die oft sehr luftigen Abschnitte des Pisciadù-Steiges.

Die Erbauer haben an Material nicht gespart: Der Anstieg führt über mehrere Eisenleitern, 130 künstliche Tritte, 440 Meter Drahtseilhilfe; Abschluß-Überraschung ist eine luftige Hängebrücke auf die große Schutterrasse, die fast den ganzen Sellastock umrundet.

eine hübsche Abstiegsvariante ab Pisciadù-Hütte gibt es auch auf teilweise gesichertem aber unschwierigem Steig (Nr. 664, 651) ostwärts ins Val de Mesdì und hinunter nach Colfuschg, $1^1/_2$ Std.

Für geologisch Interessierte: Die weichen Raibler Schichten, aus denen der Schotterbalkon besteht, sind zwischen dem Schlerndolomit des unteren Wandaufbaues und dem Hauptdolomit der oberen Felsen eingepreßt. Die Raibler Schichtenfolge hat meist eine Mächtigkeit von fünfzig Metern. Sie bildet sozusagen eine Art Fuge zwischen dem Schlern- und dem darüber liegenden Hauptdolomit. Die weicheren Raibler Schichten verwittern häufig zu Schutterrassen und führen zu Stufenbildung. Wegen ihres Tongehaltes sind sie nahezu wasserundurchlässig und schützen dadurch den darunterliegenden Schlerndolomit gegen Fließwassererosion und Spaltenfrostverwitterung. Besonders deutlich treten die Raibler Schichten am Schlernplateau, am Fuß der Tofanen, in den Sextener und Ampezzaner Dolomiten, am Heiligkreuzkofel und hier, am Sellastock, hervor.

Wer am Grödner Joch parkt, benützt Pfad Nr. 666. Man steigt südlich am überdachten Kruzifix vorbei über den Wiesenkamm des Col de la Frèa, wendet sich östlich entlang des lotrechten, gelben Sass de la Luesa und des Campideller Turmes. Die steile, schaurig wirkende Schotterschlucht des Val Setùs (hier geht Nr. 666 rechts ab), an ihrem Auslauf überquerend wird auf einem Steig ohne Nummer, zuerst leicht absteigend, der Pisciadù-Wasserfall erreicht.

Die interessantere Möglichkeit: Mit dem Wagen fährt man ungefähr zweieinhalb Kilometer die Straße in Richtung Colfuschg abwärts. Wer zu Fuß ist, nimmt die Abkürzung über die Wiesen. Bei einer nicht zu übersehenden Schottergrube steht die Talstation der Hüttenmaterialseilbahn (guter Parkplatz).

Links den Markierungen und einem deutlichen Steig folgend steigt man dann über eine gesicherte, meist feuchte Felsstufe bis zum Absatz, auf der sich der bequeme Steig bis zum Wasserfall fortsetzt. Kurz vorher mündet von rechts der Grödner-Joch-Steig ein.

Immer gut gesichert, aber in teilweise etwas ausgesetztem Gelände, turnt man recht unterhaltsam die rechte Wand (im Sinne des Anstiegs) des Wasserfalls im Zickzack hinauf. Sind mehrere Partien gleichzeitig unterwegs, sollte man sich nicht scheuen, den Steinschlaghelm in Gebrauch zu nehmen. Einmal führt eine Passage bis nahe an die sprühende Kaskade heran — ein Schau-Höhepunkt der ganzen Route. Bald darauf

Über dem Val de Mesdì, durch das die empfohlene Abstiegsvariante leitet. In Bildmitte Bec de Mesdì, rechts Daint de Mesdì, im Mittelgrund der Peitlerkofel; dahinter erhebt sich die Zentralalpenkette (Zillertaler Alpen).

wird ein grasdurchsetzter, schrofiger Kessel erreicht. Hier findet sich ein leichter Weiterweg: man schert nach links aus und gelangt problemlos, dem Bachverlauf und Trittspuren folgend, direkt zur Hütte.

Von dieser Ausweichmöglichkeit sollte niemand nur deswegen Gebrauch machen, weil der Weiterweg über die steile Wandflanke bis knapp unter den auffallenden Exnerturm, 2740 m, allzu abschreckend aussieht. Gerade hier wird der Klettersteig besonders interessant: eine lange, senkrechte Leiter und Drahtseile leiten sicher bis zum kühn konstruierten Pendelsteg, der einen tiefen Abgrund überbrückt. Die Schwierigkeiten und Sicherungen sind nun zu Ende, ein rotbezeichneter Weg erreicht das Terrassenband samt Hütte neben dem funkelnden Pisciadù-See. Die Szenerie ist eingerahmt von den Wänden des Sass dal Lech, der Pisciadù-Spitze und des Pisciadù-Turmes. Aus dem Val de Mesdì steigen der Pizkofel und der Piz dal Lech auf. Ein farbenumspieltes Dolomitenbild, das sich unvergeßlich einprägt.

30 Marmolata, 3343 m, Westgrat

Die Dolomitenkönigin gibt sich die Ehre

TOURISTISCHE ANGABEN

Stützpunkte:
Contrinhaus (privat), 2016 m, bew. Mitte Juni bis Mitte Okt.; Gipfelbaracke, 3340 m, beschränkt bew., keine Nächtigung; Rifugio Pian dei Fiacconi (Lift), 2626 m; Rifugio Marmolada-Fedaja, 2044 m, CAI, ganzjährig bew.; mehrere Gastwirtschaften am Stausee, 2004 m, bew. Februar bis Ende Oktober; Gasthof Pian Trevisan (privat, Bus), 1717 m.

Höhenunterschiede und Gehzeiten:
Alba – Contrinhaus ↗ 500 m, 2 Std.; Contrinhaus – Marmolatascharte, 2896 m, ↗ 800 m, 2 Std.; Marmolatascharte – Gipfel ↗ 450 m, 2 Std.; Gipfel – Pian dei Fiacconi, ↘ 700 m, 2 Std.; Pian dei Fiacconi – Fedaja ↘ 600 m, 1 Std., oder mit Korblift; ab Fedaja Busdienst nach Alba-Canazei.

Schwierigkeiten:
Bei guten Verhältnissen ist der Marmolata-Westgrat für erfahrene Bergsteiger ohne große Probleme. Bei Vereisung und Neuschnee wird er ein ernsthaftes Unternehmen. Vorsicht bei lockeren Seilen. Für plötzlich hereinbrechende Gewitter ist die Marmolata berüchtigt. Bei Abstieg im Nebel Achtung auf Spalten. Unerläßlich sind Gletschererfahrung, Ausdauer auch in Höhen über dreitausend Meter, warme Kleidung, Pickel, Seil und Steigeisen.

Tips für Tourenmöglichkeiten:
Nächtigung in Fedaja. Am anderen Tag den 13 Kilometer langen Bindelweg Nr. 601 (ladinisch „Viel del Pan") zum Pordoi-Joch, 2239 m, 3 Std. Ein unvergleichlich schöner Panoramasteig, von dem aus man ständig zur grauen Steingestalt des Vernèl und zur gletschergleißenden Marmolata blickt.

Sie kann innerhalb der Dolomiten Einmaligkeit für sich beanspruchen: die Eiskönigin Marmolèda. „Ti es regina – E onor te kojn de oni mont!", so rühmt das schöne, alte Fassaner Lied: „Dann preisen laut als Königin dich jauchzend Berg und Tal!"

Das Attribut „Königin der Dolomiten" verdient die Marmolata mit Recht. Sie überragt mit ihren 3344 Metern alle anderen Dolomitengipfel. Das schimmernde Firngewand ist von den fernsten Gipfeln der Stubaier und Ötztaler im südlichen Dunstblau zu erkennen. Die Marmolata ist nicht nur ein klassisch-schöner Berg, sie ist auch eine hervorragende Aussichtswarte und außerdem über den Normalweg verhältnismäßig leicht zu ersteigen. Natürlich ist die Mitnahme der Eisausrüstung notwendig. Die schön geschwungene Kammlinie über dem nordseitigen, vier Quadratkilometer großen Gletscher trägt drei Erhebungen: Die Punta Penìa, 3344 m, gewöhnlich Marmolata oder auch „Sommergipfel" genannt und das Hauptziel der Bergsteiger; die Punta di Rocca, 3259 m, ein idealer Skiberg (Wintergipfel), wird von der Malga Ciapèla aus mit der modernen, kühnen Schwebebahn in drei Stationen als „höchster Dolomitenbahnhof" mühelos erreicht; und schließlich steht weiter östlich der wenig beachtete Monte Serauta, 3218 m, mit den noch sichtbaren Wunden, die der erste Weltkrieg hier schlug.

Damals verschanzten sich die Österreicher im Marmolata-Eis. Wie Maulwürfe gruben sie sich in den Gletscher ein und bohrten Stollen, die sich vielfach verzweigten und insgesamt eine Länge von acht Kilometern erreichten. Nach und nach entstand so in dreißig bis fünfzig Metern Tiefe eine ganze „Eisstadt", waffenstarrend, mit Unterständen, Proviantlagern, Feldlazaretten. Ungefähr ein Bataillon und mit der Artillerie insgesamt 1500 Mann lebten unter den härtesten Bedingungen in diesen Stollen im ewigen Eis.

Doch der größte Feind war der unerbittliche Hochgebirgswinter mit sibirischer Kälte, Schneestürmen und Lawinen. Am 13. Dezember 1916 überrollte eine Staublawine dreihundert Österreicher, die am Gran Poz in Stellung lagen. Die meisten von ihnen wurden eine leichte Beute des weißen Todes.

Fährt man von Fedaja mit dem Gondellift bis auf den Pian dei Fiacconi, erkennt man heute noch an den Wänden der zwei isolierten Felspfeiler Undici und Dodici, die riffartig in den Gletschern eindringen, die dunklen Kammern der Schießscharten und Unterstände.

Trotz Schwebebahn und ganzjährigem Skibetrieb ist das „weiße Dach der Dolomiten" ein alpin interessanter Berg geblieben. Die Kletterrouten in der glatten, drei Kilometer langen Südwand gelten immer noch als Paradestück für extreme Felsgeher und Sestogradisten.

Aufregend wie die zwei Gesichter der Königin — auf der Nordseite ideal geneigte Gletscherfelder, im Süden die sechshundert Meter hohe Zyklopenwand — ist auch die Erschließungsgeschichte. Bereits 1804 wurde der erste Versuch einer Besteigung unternommen, der auch prompt das erste Opfer forderte: Der Fassaner Don Terza kam durch Sturz in eine Gletscherspalte ums Leben. Erst im Jahr 1860 erklommen die Engländer John Ball und Birkbeck mit einem Schweizer Führer den Gipfelgrat und drangen bis zur Punta di Rocca vor. Die Eroberung des höchsten Gipfels, die Punta Penìa, blieb dem Dolomitenpionier Paul Grohmann vorbehalten. Nach mehreren Versuchen betrat er zusammen mit den Ampezzaner Führern Angelo und Fulgenzio Dimai am 28. September 1864 um 10.37 Uhr „die höchste Spitze, auf der schon so lange vor mir meine Wünsche angelangt waren", wie Grohmann anschließend berichtete.

Am 25. November 1883 wurde der „Königin" zum ersten Mal im Winter die Reverenz erwiesen, während 1898 die Nürnberger Seyffert und Dittmann mit dem Führer L. Rizzi eine neue Route von Contrin aus über den schwierigen Westgrat eröffneten. Die sechshundert Meter hohe Marmolata-Südwand gehört zu den berühmtesten extremen Kletterzielen der Ostalpen. Im Jahr 1901 war es eine zähe Schottin, Beatrice Thomasson, die mit zwei Führern aus Fiera di Primiero trotz Schneesturm zum ersten Mal die kompakte Wand durchstieg.

Inzwischen ist die Route fast zur Modetour geworden, immerhin wird die vier bis sechs Stunden dauernde Kletterei auch heute noch als schwierig eingestuft. Mit den Hilfsmitteln der modernen Klettertechnik werden jetzt Südwestwand, Südpfeiler (VI), und Südwand der Marmolata di Rocca gemeistert. Diese ausgesetzten Führen wurden auch schon im Alleingang und im Winter durchklettert.

Schon vor dem ersten Weltkrieg hat die Sektion Nürnberg des DAV über den Marmolata-Westgrat eine Steiganlage errichtet. Nur wer wirklich schwindelfrei und bergerfahren ist, darf diesen Aufstieg über den Klettersteig von der Marmolatascharte zur Punta Penìa wagen. Ausgangspunkt ist Canazei im Fassatal bzw. das Contrinhaus. Der Hüttenaufstieg, ein herrliches Wandererlebnis, führt von Alba (zwei Kilometer östlich von Canazei) durch das herrliche, parkartige Contrintal.

Von der Hütte auf deutlichem Steig (Nr. 606) nordwärts und steil — zuletzt mühsam — zur tief eingeschnittenen Marmolatascharte zwischen Vernèl und Marmolata. Der

Im Contrintal, nahe des Contrinhauses. Blick auf die steile Südwestwand der Marmolata di Penia. Links, vom Baum verdeckt, die Marmolatascharte. Der schmale Einschnitt rechts ist der Ombrettapaß. Darüber, im Profil, der gewaltige Südpfeiler der Marmolata di Penia.

Einstieg befindet sich neben alten Kriegsunterständen und führt sogleich luftig empor. Den Metallseilen folgend, über gemeißelte Tritte, Stifte und Klammern gelangt man ziemlich weit in die abschüssige Nordseite hinein. Eine lange, massive Leiter überlistet eine ausgesetzte Plattenserie. Mit Hilfe des Drahtseils wird ein markanter Turm umgangen, dann legt sich der Grat etwas zurück. Über Schneefelder oder Firn aufsteigend, fast immer auf der Schneide bleibend, steht man schließlich glücklich auf der Punta Penìa.

Vom trigonometrischen Punkt, 3344 m, eröffnet sich ein unvergleichlicher Rundblick: Von den Julischen Alpen bis nach Graubünden, von den Tauern bis zu Ortler und Adamello. An besonders klaren und kalten Tagen geht der Blick über alle Dolomitengipfel hinweg bis in die Venezianische Tiefebene und weiter zur Adria.

Der Abstieg über den Normalweg ist nur mehr ein großer Spaß nach dieser erlebnisreichen Felstour über die Westseite. Den etwas ausgesetzten Firngrat – unter Umständen sind hier Steigeisen vorteilhaft – nach Norden hinab, dann rechts über eine ungesicherte aber nicht schwierige Felswand und durch seichte Rinnen und Kamine bis zur großen Randkluft. Diese darf man, besonders im Spätsommer, keineswegs bagatellisieren, sie ist mit einiger Vorsicht zu überqueren.

Durch ausgetretene Spuren gut vorgezeichnet schlängelt sich der Weiterweg geschickt über den gemuldeten, mit kleinen Spalten gespickten Gletscher bis zum Pian dei Fiacconi. Auf ausgeaperten, glattgeschliffenen Felsplatten steht das Bergchalet neben der Station des Lifts, der hinunter zum Stausee nach Fedaja leitet.

Der Westgrat auf die Marmolata stellt für den alpinen Normalverbraucher eine anspruchsvolle Aufgabe. Nur bei günstigen Verhältnissen ist sie verhältnismäßig unschwierig zu lösen. Ein Wettersturz in großer Höhe läßt die Steiganlage zu einem ernsten Unternehmen werden – um so mehr, weil nach Erreichen des Gipfels der über kombiniertes Gelände führende Abstieg auf der Normalroute bevorsteht.

31 Die Via ferrata Bolver-Lugli

Dynamischer Eisenweg bis zur Südschulter des Cimone della Pala, 2950 m

TOURISTISCHE ANGABEN

Ausgangs- und Stützpunkte:
San Martino di Castrozza, 1467 m; Rosettahütte, 2560 m, CAI, 66 B und M, bew. Ende Juni bis Ende Sept.; Bivacco Fiamme Gialle, 3005 m, Notunterkunft für neun Personen, hauptsächlich für die Kletterer der schwierigen Routen des NW-Grates und der SW-Wand errichtet.

Höhenunterschiede und Gehzeiten:
Col Verde (Bergstation), 1965 m – Einstieg ↗ 250 m, 1 Std.; Einstieg – Biwakschachtel ↗ 800 m, 2½ bis 3 Std.; ↘ über Travignolopaß (2983 m) und Bèttegapaß (2618 m) zur Rosettahütte 1½–2 st; ↘ Rosettahütte – Col Verde, 600 m, 1¼ Std.

Schwierigkeiten:
Für versierte, trittsichere und ausdauernde Ferrategeher ein genußvoller Felsgang. Nicht ganz einfach für wenig Geübte, sie gehören unbedingt ans Seil. Bei Gewittern wegen der durchgehenden Seilsicherungen Blitzschlaggefahr. Vorsicht vor Steinschlag, wenn mehrere Partien gleichzeitig klettern!

Der Cimone della Pala von der Rosetta; aus dieser Sicht eine gewaltige Masse Fels, die das formschöne Horn, wie es sich vom Rollepaß aus präsentiert, kaum wiedererkennen läßt.

Anläßlich der Hundertjahrfeier seiner Erstbegehung wurde dem Cimone della Pala im Sommer 1970 als nobles Geburtstagspräsent ein gesicherter Felsenweg geschenkt. Die Idee stammte von der Führergilde San Martino di Castrozza, die dann in mehrwöchiger Fleißarbeit realisiert wurde. Die finanzielle Seite übernahm größtenteils die Alpinistenfamilie Bolver-Lugli aus Fiera di Primiero. Deshalb trägt die eisenbeschlagene Route auch ihren Namen.

Die Pala-Gruppe, ein Berggebiet voller Eigenheiten, wird vom Cismon-Fluß und dem Cordèvole begrenzt. Sie fasziniert durch emporschießende Gipfelaufbauten und bietet einmalig schöne Bilder phantastischer Felsgestalten. Geologisch herrscht in der ganzen Gruppe der Schlerndolomit vor und bildet die „größte zusammenhängende Riffmasse von Südtirol und Venetien". Eine Eigentümlichkeit ist die ausgedehnte, wasserlose und karstige Mondlandschaft des Pala-Hochplateaus, von der eine fast melancholische Stimmung ausgeht. Gefürchtet wird hier in einer Höhe von 2500 bis 2600 Meter, ein Wetterumschlag. Dann senkt sich Nebel unerwartet über die ganze Pala, hüllt die Gipfel in undurchsichtiges Weiß und macht ohne Kompaß jede Orientierung unmöglich.

Einen besonderen Effekt setzen mehrere Gletscher und Gletscherchen, eingeschnürt in der nördlichen Gipfelreihe; im südlichen Gegenlicht präsentiert die gleißende Fradusta ihr flach ansteigendes Firnfeld.

Am Rollepaß erhebt sich aus Blumenalmen das eigenwillige Horn des Cimone della Pala – eine Gestalt von unnachahmlicher Harmonie mit senkrechtem, zergliedertem, vereistem Aufbau bis zum rassigen Gipfelgrat. In seine Ziselierung zaubert der Wind als schmückendes Attribut ständig durchsichtige Wolkenschleierchen. Wie so oft in den Gebirgen der Welt, wurde auch für den Cimone ein Superlativ geprägt: nicht selten hört oder liest der Bergsteiger von einem „Matterhorn der Dolomiten"; eine Bezeichnung, die unpassend, ja fast beschämend ist.

Die alpinistische Eroberung des zweithöchsten Pala-Gipfels – die Cima Vezzana, 3193 m, überragt den Cimone um ganze acht Meter – ist eine der aufregendsten Episoden in der Erschließungsgeschichte der Dolomiten. Verschiedene Seilschaften, u. a. auch Paul Grohmann, mußten ihr Vorhaben, den Cimone zu besteigen, aufgeben. Bis dem energischen Engländer E. R. Whitwell am 3. Juni 1860 zusammen mit den Führern S. Siorpaès aus Cortina und dem Schweizer Christian Lauener nach dem zweiten Anlauf der große Wurf gelang. Sie wählten dabei die Nordseite mit dem Anstieg über den steilen und steinschlaggefährdeten Travignologletscher. Also den „Eisweg", was typisch für die damalige Zeit und Technik ist. Zum Schluß erkletterten sie unter erheblichen Schwierigkeiten die Nordwestwand.

Die Bezwingung des Cimone war eine großartige Leistung in der Historie bedeutender Dolomitengipfel. Erst nach sechs Jahren stand die zweite Seilschaft auf der höchsten Cimonespitze. Im Sommer 1889 gelang es dem Berliner Alpinisten Darmstädter, auf der Ostseite des Cimone, vom Travignolopaß aus, einen steinschlagsicheren Weg zu finden, den heutigen Normalweg.

San Martino di Castrozza ist der beste Ausgangspunkt für viele Pala-Touren. Wo sich jetzt vor der unvergleichlichen Felskulisse von Sass Maor, Pale di San Martino und Cima della Madonna mit der Schleierkante elegante Hotels erheben, stand einst das Benediktinerkloster und Hospiz San Martino di Castrozza. Aus einer Urkunde des Bischofs von Feltre anno 1294 geht hervor, daß das Kloster bereits um das Jahr 1000 gegründet wurde. Der bezaubernde Dolomitenort wahrt also eine lange Fremdentradition und viele berühmte Besucher trugen sich in sein Gästebuch ein. So wurde z. B. Richard Strauss, als er sich um die Jahrhundertwende dort aufhielt — „an einem der schönsten Orte der Welt"—, zu seiner „Alpensinfonie" inspiriert.

Außer gut erschlossenen Skipisten im Winter, einem schier unerschöpflichen Ressort an Wanderwegen in allen Höhenlagen und rasanten Klettertouren jeden Schwierigkeitsgrades hat San Martino auch „standesgemäße" Klettersteige anzubieten. Der eine beginnt in der Nähe der Pradidalihütte und heißt Via ferrata del Velo, der andere ist die Via ferrata Bolver-Lugli. Dieser Eisenweg durchzieht in einer sehr dynamischen Linienführung den rechten Teil der Westwand des Cimone. Er benützt mehr oder weniger die Higusi-Führe (1921 von den Geschwistern Langes eröffnet), die ungesichert mit dem II. und III. Grad bewertet wird.

Von San Martino aus fährt man bequemerweise mit dem Sessellift zum Col Verde. Gleich neben der Bergstation beginnt Steig Nr. 706, der rot bezeichnet über den schrofigen und grasigen Vorbau bis zum Beginn des Eisenweges (Gedenkplatte) und über einen steilen Schrofensporn zu den ersten Drahtseilen emporzieht. Die gesicherte Route wurde mit fünfhundert Meter Halteseilen, bombenfesten Stiften und ausgemeißelten Griffen und Tritten bestens ausstaffiert.

Recht luftig ist der Aufstieg bis zur Südschulter, versehen mit allen Varianten, die ein Dolomitenaufbau zu bieten hat: Es geht über Platten, seichte Rinnen, Querungen, kleine Schluchten, Risse, Absätze, bis zur Ausstiegsscharte am westlichen Rand einer Schutterrasse. Eine etwa fünfzig Meter hohe Wand und ein Dreißig-Meter-Kamin (Stifte) auf halbem Anstiegsweg sind Hürden, die etwas Felsgewandtheit und alpinistisches Können erfordern. Selbstverständlich verschärfen sich auch hier bei ungünstigen Verhältnissen die Schwierigkeiten erheblich.

Tips für Kombinationsmöglichkeiten:
Von der Rosettahütte schöne Wanderung zur Pradidalihütte, dann Via ferrata del Velo (Schleierweg), Abstieg nach San Martino di Castrozza; Rosettahütte – Cima Fradusta, 2937 m, etwa 3 Std.; wer nach dem Bolver-Lugli-Klettersteig noch gut in Form ist, sollte es nicht versäumen vom Travignolopaß aus den unschwierigen und höchsten Gipfel der Pala-Gruppe, die Cima Vezzana, 3193 m, in etwa 3/4 Std. zu ersteigen. Großartige Rundsicht.

Ein berühmtes Motiv, ähnlich wie die bekannten Drei-Zinnen-Bilder im Verruf der Abgedroschenheit – aber wer kann sich schon der Faszination des eleganten Felsbaues, wie er den Cimone della Pala zweifelsfrei auszeichnet, wirklich entziehen?
Der Bolver-Lugli-Steig reicht bis nahe unter den Gipfel dieses berühmten Dolomiten-Dreitausenders. Links von ihm erhebt sich die Cima Vezzana, der höchste Palaberg.

Die Eisenführe wird auch gern von Kletterern als direkter Zugang zum aussichtsprächtigen Cimonegipfel benützt, unter Ausschaltung des Umweges über die Rosettahütte und den Bèttegapaß. Die Sicherungen enden auf etwa 2950 Meter nahe der Südschulter, von der man rückblickend eine prachtvolle Gipfelparade abnehmen kann: Vom Ortler über Presanella, Adamello und Brenta bis zur nahen Fleimstaler Kette. Zur Biwakschachtel Fiamme Gialle gelangt man in zehn Minuten über ein steiles Schotterfeld. Für geübte Kletterer ist es ein Kinderspiel, von hier aus den Cimonegipfel zu erklimmen. Doch durchschnittliche Ferrate-Begeher sollten sich ohne Führer zu diesem teilweise sehr ausgesetzten Felsaufstieg nicht verleiten lassen.

Über die oft schneebedeckte Geröllfläche gelangt man östlich, unter dem Cimoneturm durch, zum Travignolopaß, der den Cimone-Aufbau von der Cima Vezzana trennt. Der dickbauchige Gletscher reicht auf der Nordseite fast bis zur Schartenkimme. Respektvoll denkt man an die Erstbegeher anno 1870, die sich hier heraufarbeiteten! Über Schotter und Firnreste steigt man durch das eigenartige, felsige Val dei Cantoni ab (rot bezeichnet). Weiß blendet im Südlicht der jenseits der Pala-Hochfläche liegende Fradustagletscher herüber. Die Markierungen weisen über einen schrofigen Absatz zum Passo Bèttega, ein kurzer Gegenanstieg; jenseits geht es über einen leichten Felsensteig hinunter zum Rifugio Rosetta. Von dort schließlich in zehn Minuten hinauf zur Bergstation der Rosetta-Schwebebahn. Man kann aber auch zu Fuß über einen netten Felssteig zum Col-Verde-Sessellift absteigen, oder auch direkt ins Tal.

32 Der Tomaselli-Klettersteig

Zwischen Krieg und Frieden auf die Südliche Fanisspitze, 2989 m

TOURISTISCHE ANGABEN

Ausgangs- und Stützpunkte:
Hotels am Falzaregopaß, 2105 m; Berghaus am Kleinen Lagazuoi, 2728 m; Bivacco G. della Chiesa, 2650 m; Rifugio Scotoni, 2040 m, bew. Ende Juni bis Ende Sept.

Höhenunterschiede und Gehzeiten:
Seilbahnstation – Biwakschachtel → $1^1/_2$ Std.; Biwakschachtel – Gipfel ↗ 330 m, $1^1/_2$–2 Std.; über die Nordseite ↘ zum Fanissattel 250 m, $^3/_4$–1 Std.; zurück zur Bergstation oder zum Falzaregopaß $1^3/_4$ Std.; Variante: Große Fanisscharte ↗ Stollenloch – Fanissattel 2 Std.; über die Führe ↗ auf der NO-Seite zum Gipfel 1–$1^1/_4$ Std.

Schwierigkeiten:
Die sehr ausgesetzte und technisch anspruchsvolle Ferrata Tomaselli darf nur gewandten Felsgehern empfohlen werden. Die Schwierigkeiten erhöhen sich bei Schlechtwetter und Vereisung, besonders auf der Nordseite. Selbstsicherung auf alle Fälle ratsam.

Tips für Tourenmöglichkeiten:
„Alta Via Fanis L. Veronesi" heißt eine lohnende, unschwierige Trasse, die auf der Südseite beim Stollenloch beginnt. Ein mit Drahtseilen ausgerüstetes Band führt fast eben westwärts weiter. Am Ende gelangt man problemlos auf die Cima Scotoni, 2876 m, auch „Westliche Fanis" genannt, 35 Min. ab Stollenloch.
↘ über leichtes Schrofengelände und ein Geröllfeld zur Forcella del Lago, 2480 m, und südlich über Schotter hinunter zum Rifugio Scotoni in der Nähe des kleinen, romantischen Lagazuoisees, etwa $1^1/_4$ Std.; von dort über den Valparolaboden nach Armentarola – St. Kassian, 2–$2^1/_2$ Std.

Die ganze Gegend um den Falzaregopaß war während des ersten Weltkrieges Schauplatz härtester Kämpfe zwischen italienischen Alpinisoldaten und österreichischen Kaiserjägern. Der markante Sass de Stria (Hexenfels), der isoliert westlich des Valparolapasses aufragt, war ein Hauptstützpunkt der Österreicher. In einem fünfhundert Meter langen Stollen konnten die Verteidiger im Inneren des Zackens vom Feind uneingesehen aufsteigen.

Genau gegenüber, in der Südflanke des Kleinen Lagazuoi, schafften sich die Italiener mitten in der Wand ihre schwer einzunehmenden Positionen. Auf der Cengia Martini – ein nicht sehr breites Felsband – waren Geschütze, Scheinwerfer und Maschinengewehrnester installiert. Diese Stützpunkte wurden von den Österreichern im Jahr 1917 zwei Mal unterminiert und gesprengt. Noch heute erkennt man die Sprengnarben im helleren Felsgestein, die großen Schuttströme am Bergsockel bezeugen deutlich das Ausmaß des kriegerischen Unternehmens. Die Höhe des abgesprengten Bergkörpers betrug etwa 200 Meter, die Breite ungefähr 140 Meter, Gesteinstrümmer in einer Masse von rund 130 Kubikmeter stürzten dabei in die Tiefe.

Noch im gleichen Jahr bohrten italienische Pioniere als Vergeltungsschlag einen spiralförmigen, 1100 Meter langen Tunnel, der von der unteren Schluchtmündung bis unter den Gipfel der Vorkuppe des Kleinen Lagazuoi reichte. Die letzte Kammer füllten sie mit 33 000 Kilo hochbrisantem Sprengstoff, den sie am 20. Juni 1917 zur Explosion brachten. Doch das Ergebnis stand in keinem Verhältnis zum Aufwand. Durch die Bohrgeräusche alarmiert, hatten die Österreicher kurz vor der Sprengung ihre Stellungen geräumt. Die Italiener brachten lediglich die Vorkuppe des Gipfels in ihre Hand, konnten aber nicht weiter in die feindlichen Linien eindringen oder gar eine für sie vorteilhafte Frontverschiebung erreichen.

In der Gegend zwischen den Lagazuoispitzen, mit ihren durch Sprengung zerborstenen Wänden, zwischen Tofana di Ròzes, Fanisturm, Fanis-Süd und Großem Lagazuoi lagen sich die Gegner hinter Felsblöcken und in den Laufgräben der Schutthalden auf kurze Distanz gegenüber. Alle drei Tofanen und vor allem die Cima Bois waren seit Juli 1915 ständigen italienischen Angriffen ausgesetzt, die der österreichischen Hauptkampflinie galten.

Touristen, Jochbummler und Kletterer werden heute noch mit Überresten und Spuren konfrontiert, die der erbarmungslose Krieg in dieser dolomitischen Hochgebirgszone hinterlassen hat: Stacheldraht, Schrapnellsplitter, verfallene Laufgräben, vermorschte Holzleitern und Baracken, Unterstände, Sprengtrichter, dunkle Stollen und Felskavernen, die wie erloschene Augen aus Wänden und Türmen starren. Bei den

Älteren ist es eine Welt voll kriegerischer Nostalgie. In Gesprächen schildern sie die einstigen miterlebten Kämpfe, die manchmal mit bereits legendär anmutenden Episoden verbrämt werden.

Doch ist es nicht zuletzt die bergbegeisterte Jugend, die heute die ehemaligen Stellungen und Stützpunkte besucht und sie teilweise auch für den Bergwanderer durch Instandsetzung alter Kriegswege mit Seilsicherungen, Eisenleitern usw. wieder zugänglich macht. Hier sei nur das brillante Werk des Wiener Oberstleutnants Walther Schaumann erwähnt, der zusammen mit freiwilligen jungen Helfern die großartige alpine Verbindung längs alter Frontpfade unter dem Namen „Via della Pace" — Friedensweg — vom Lagazuoi bis zum Monte Vallon Bianco für etwas geübte Geher trefflich realisierte.

Fast im Mittelpunkt des einst so schwer umkämpften Dolomitenabschnittes erhebt sich die Südliche Fanisspitze wie ein Mahnmal, der tapferen Krieger und Toten auf beiden Seiten zu gedenken.

Alte, nunmehr viel begangene Kriegssteige, rot bezeichnet, sind es auch, die hinführen zum Kastell der Hohen Fanis, auf das im Juli 1969 ein Klettersteig angelegt wurde. Diese gesicherte Route, die Via Tomaselli, ist eine der schwierigsten in den Dolomiten. Mit „Eisen" ging man dabei sehr geizig um. Die Führe ist nach Cortineser Art sportlich naturbelassen, ohne Leitern, Klammern und Stifte. Nur ein 800 Meter langes Führungsseil lenkt über fingerbreite Leisten, kleingriffige Wandstücke und exponierte Kanten auf den knapp 3000 Meter hohen Gipfel. Keine Tour für Klettersteig-Aspiranten, aber ein Hochgenuß für Geübte.

Der bequemste Zugang zum Einstieg: Mit der Seilbahn vom Falzaregopaß auf den Kleinen Lagazuoi. Nördlich (Bezeichnung Nr. 20) zur Lagazuoischarte absteigen, dann ostwärts zur Travenanzesscharte (hierher zu Fuß vom Falzaregopaß 1¼ Std.). Man wechselt nun auf „20 b" über, gelangt über einen kleinen Sattel zum Ostfuß des Großen Lagazuoi und an ihm entlang zur Forcella Grande (Große Fanisscharte). Eine Kriegsgalerie vermittelt den Zugang zum ebenen Platz einer ehemaligen österreichischen Geschützstellung. Heute steht dort die Biwakschachtel Gianni della Chiesa. Gleich oberhalb ist das erste Seil fixiert und man klettert neben verfaulten Holzleitern einige Meter die Wand hinauf.

Eine ausgesetzte, abschüssige Querpassage mit doppeltem Stahlseil gilt als Prüfstein. Wer diese kritische Stelle nicht auf Anhieb meistert, kehre lieber um. Weiter oben wird es nämlich noch viel ausgesetzter und technisch anspruchsvoller. Die letzte

Die Bergsteiger bewegen sich auf den ersten Metern des Tomaselli-Klettersteiges. Eine der Schlüsselstellen, die kurze Querung mit doppeltem Drahtseil, befindet sich links, in Nähe der Kante. Die verbogenen Eisenstifte und die über den Drahtseilen hängende Leiter sind Überbleibsel der Kriegssteige aus den Jahren 1915–1917.

Hürde ist ein kurzer, aber höchst luftiger Wandsturz, den der Gipfel entsendet. Im Krieg war dort oben ein österreichischer Beobachtungsstand verschanzt, von dem heute keinerlei Überreste mehr vorhanden sind. Die Einblicke in die Szenerie der umliegenden Gipfel, der verschiedenen Fanistürme, der drei Tofanen und der Lagazuoi-Gruppe sind kaum zu überbieten.

Der Abstieg erfolgt über die etwas leichtere und kürzere Nordseite. Auch hier markieren dünne Führungsseile die Route. Sie folgt ungefähr dem Normalweg der Erstbegeher Glanwell und Appenbichler im Jahr 1897 und endet auf der Selletta di Fanis (Fanissattel). Ein enger Einschnitt, zu dem der nördliche, kleine Fanisgletscher fast heraufreicht. Auf Schotterspuren steigt man sehr steil südöstlich über Geröllreisen ab, erreicht wieder den Weg mit der Bezeichnung 20 b und wandert zurück zur Travenanzesscharte und zur Seilbahn ($^1/_2$ Std. Aufstieg) oder direkt hinunter zum Falzaregopaß.

Wer sich dem anspruchsvollen Tomaselli-Klettersteig nicht gewachsen fühlt, für den gibt es eine interessante, nicht sehr bekannte Möglichkeit, den unteren, schwierigen Teil rechts zu umgehen. Vor der Großen Fanisscharte steigt man ein kurzes Stück auf dem vorher beschriebenen Abstiegsweg hinauf, quert dann links (einzelne Steigspuren) in eine steile Geröll- und Blockhalde und erreicht über sie etwas mühsam die Terrasse, auf welche der erste Teil der Ferrata einmündet. Man verfolgt nun für kurze Zeit diesen leichteren Klettersteigabschnitt, um etwa auf halber Wandhöhe nach links (westlich) abzuzweigen. Seile, eine überdachte Passage, eine Rinne folgen, dann auf nunmehr deutlichen Steigspuren immer genußvoll und unschwierig weiter bis zu einem Kavernenloch (Taschenlampe!). Durch diesen etwa hundert Meter langen Stollen wechselt man bequem auf die Nordseite hinüber und steht überrascht auf einem breiten Felsabsatz oberhalb des Fanisgletschers. Eine gesicherte Steilstufe führt zu diesem hinab, das Firnbecken wird ostwärts überquert (meist Spuren, Vorsicht bei Vereisung, manchmal auch Steinschlag!); den Fanissattel erreicht man mit dem Einstieg der (als Abstieg beschriebenen) gesicherten Route durch die Nordostflanke. Über sie zum Gipfel.

Die Südliche Fanisspitze vom kleinen Sattel am Ostfuß des Großen Lagazuoi. Links die Große Fanisscharte, in der die Biwakschachtel Gianni della Chiesa steht und wo die Via Tomaselli beginnt. Die rechte Einschartung ist der Fanissattel, in den man beim Abstieg über die Normalführe gelangt.

Tofana di Rozes, 3225 m, Via Giovanni Lipella

33

„Kleine Schwester" mit vielen Möglichkeiten

Obwohl die Tofana di Rozes mit ihren 3225 Höhenmetern sich als die kleinste Schwester in das klassische Dreigestirn der Tofanen einfügt, ist sie ein eindrucksvoller Dolomitengipfel. Und ein „Prestige-Berg" dazu, der auf der alpinen Wunschliste vieler Dolomitenfreunde ganz oben steht. Die pralle, rötliche Südwand hält das Interesse der Felsgeher wach; sie bietet eine Reihe variabler Kletterrouten. Für im Steigen ausdauernde Bergwanderer birgt der Aufstieg zum Gipfel über den Normalweg bei guten Verhältnissen kaum Probleme. So wird die Tofana di Rozes — oder auch „Tofana I" genannt — im Sommer von zahlreichen Dreitausendersammlern besucht.

Alle drei Tofanen sind phantastisch geformte Felskompositionen, deren Gipfel über dreitausend Meter aufragen. Doch besonders instruktiv und umfassend ist der Blick von der Tofana di Rozes gegen Süden, über die vielfältigen dolomitischen Felsgruppen bis weit hinein ins Cadore. Marmolata, Civetta, Pelmo usw. paradieren mit ihrer schönsten Seite. Prächtig und unvergeßlich sind auch die Talblicke von dieser am weitesten vorgeschobenen Aussichtswarte.

Am 29. August 1864 wurde die muschelförmige, schotterbeladene Gipfelkuppe das erste Mal von Bergsteigern betreten. Es waren der unersättliche Dolomitenerschließer Paul Grohmann und der Cortineser Bergführer Francesco Lacedelli, kurz „Checco" genannt, denen sich Angelo Dimai und Sante Siorpaès angeschlossen hatten; gemeinsam benutzten sie den Aufstieg über die Nordflanke ohne Zwischenfälle. Checco hatte immerhin bereits über sechzig Jahre am Buckel, doch er war zäh wie Zirbenholz. Grohmann äußerte nach der Rückkehr in Cortina die Ansicht, daß dieser Gipfel von allen drei Tofanen am leichtesten zu gewinnen sei, womit er auch recht hatte.

Die beeindruckende Südwand der Tofana di Rozes gehört zu den klassischen, von Genußkletterern und Extremen gesuchten Tourenzielen in den Ampezzaner Dolomiten. An der achthundert Meter hohen, über der großen Dolomitenstraße aufragenden Wand holten sich die Baronessen Ilona und Rolanda von Eötvös aus Budapest 1901 mit ihren Führern A. Dimai, G. Siorpaès und A. Verzi als Erstbegeherinnen beachtliche Kletterlorbeeren. Andere äußerst schwierige Routen, so der direkte Anstieg am Südwestpfeiler, die Führen über die sogenannten „Tofana-Kanten" im östlichen Teil usw. wurden dann später durch den Aufbau dieses gigantischen Amphitheaters gezogen.

Doch nun zur alpinen Attraktion der Tofana di Rozes, dem Klettersteig Via Giovanni Lipella, der seit 1967 durch die gebänderte Nordostflanke hinaufzieht. Für Liebhaber von Eisenwegen ein besonderer Höhepunkt, klettertechnisch und landschaftlich. Es

TOURISTISCHE ANGABEN

Ausgangs- und Stützpunkte:
Hotels am Falzaregopaß, 2105 m, oder Cortina d'Ampezzo, 1200 m; Dibonahütte, 2025 m, privat, 30 B, 6 M, ganzjährig bew.; Rifugio Giussani (früher Cantorehütte), 2561 m, CAI, 53 B und M, bew. Anfang Juli bis Anfang Okt.

Höhenunterschiede und Gehzeiten:
Dibonahütte – Einstieg → 1 Std.; Einstieg – Tre Dita ↗ 600 m, 2 Std.; Tre Dita – Gipfel (Klettersteig) ↗ 500 m, 1½ Std.; Abstieg über den Normalweg bis zum Rifugio Dibona ↘ 1200 m, 2½–3 Std.

Schwierigkeiten:
Der Lipella-Klettersteig erfordert Ausdauer, Trittsicherheit, Gewandtheit im ausgesetzten Fels und natürlich Schwindelfreiheit. Bei kalter Witterung erhöhen am Morgen die manchmal vereisten Felsen und Halteseile in der Nordseite die Schwierigkeiten. Ebenso kann der letzte, oft mit Hartschnee bedeckte steile Gipfelaufschwung unangenehm sein.

Tips für Tourenmöglichkeiten:
Nächtigung im Rifugio Giussani. Aufstieg über das Schotterkar bis zum Bus della Tofana – ein großes Felsentor – und von dort über den (Fortsetzung Seite 137)

Die Schauseite der Tofana di Rozes. Sie zeigt ihre achthundert Meter hohe Südwand, deren leichtester Durchstieg immerhin mit dem vierten Schwierigkeitsgrad angesprochen wird. Vor dieser Südansicht wäre man geneigt, die verhältnismäßig unschwierige Ersteigbarkeit der Vorderen Tofana kaum für möglich zu halten.

letzten, nicht allzu schwierigen Teil des Klettersteiges auf die Mittlere Tofana, 3243 m. Knapp unter dem Gipfel Seilbahnstation des „Cortineser Himmelspfeiles".

war einer der ersten Cortineser Klettersteige und galt damals mit seinen 1400 Meter Drahtseil, die von 210 Eisenstiften gehalten werden, und dank der interessanten Führe durch Naturgrotten und den Felsstollen als einmalig.

Der schönste Weg (Nr. 404) zum Einstieg beginnt beim Rifugio Dibona und zieht sich am Fuße der gewaltigen Südwand entlang bis zum Eingang in den Kriegsstollen. Das Rifugio Dibona ist bequem per Auto zu erreichen: Vom Falzaregopaß in Richtung Cortina zweigt nach ungefähr acht Kilometern links ein gutes Sträßlein ab, das bei der Schutzhütte endet (Parkplatz). Auf unmarkierten, etwas mühsam zu begehenden Kriegssteigen ist der Stollenschlupf auch vom Falzaregopaß aus zu erreichen. Für den abenteuerlich gewundenen, 800 Meter langen Aufstieg im stockdunklen Alpinitunnel ist eine verläßliche Taschenlampe unbedingt notwendig. Am Ende steht man auf einer Einsattelung zwischen dem Castelletto, dem westlichen Felssporn — die Österreicher tauften ihn „Schreckenstein" — und dem Hauptmassiv. Aus der Scharte hoch über dem Travenanzestal, mit prächtigem Blick zur gegenüberliegenden Fanis-Gruppe, zieht durch die Tofana-Westwand, zunächst leicht fallend, ein bequemes, terrassenförmiges Band, das nach rund 400 Metern zu den ersten Drahtseilen führt. Immer gut bezeichnet leitet die Route über leichte Felsstufen hinauf zum zweiten Band. Am nächsten Absatz lädt eine drahtseilgesicherte Variante zum Besuch von zwei Felsgrotten ein.

Wieder eine waagrechte Passage zur Kante zwischen West- und Nordwand und weiter querend durch die teilweise wasserüberronnene Nordflanke. Hier sind die Halteseile durch Nylonhüllen gegen Nässe geschützt. Trotzdem kann diese Stelle nach einer kalten Nacht unangenehm verglast sein und fordert dann entsprechende Aufmerksamkeit.

Die Tofana di Rozes von Nordwesten, mit der Aufstiegsflanke. Die Via Giovanni Lipella führt vom unteren Viertel der markanten Bänder erst in der in diesem Teil steilen Nordflanke (links der Bildmitte), dann, nachdem man sie über ein dreihundert Meter langes Band erreicht hat, im letzten Abschnitt der Nordwestwand empor. Vom Gipfel links abwärts die geneigte Flanke, über die der Normalanstieg bzw. Abstieg verläuft.

Noch ein Überraschungseffekt: Eine Fontäne sprudelt über zwei Steinbecken und das nächste Wandl kann zur Abwechslung in einem meist schneegefüllten, natürlichen Felsstollen mit Drahtseilhilfe überwunden werden. Weiterhin auf dem Band sich links haltend zu Schuttstreifen und zahmem Geschröf. Unerwartet präsentieren sich durch einen Einschnitt die beiden anderen Tofanen und, etwas näher, die bizarren Felsgebilde der Tre Dita (Drei Finger). Nach zwei Stunden Aufstieg ein idealer Rast- und Schauplatz in etwa 2700 Meter Höhe. Diese Stelle ist ein wichtiger Punkt im Falle eines Wettersturzes, da man von hier aus in direktem Abstieg auf dem Normalweg in kürzester Zeit zum Rifugio Giussani gelangt.

Wer noch Lust auf weitere Ferrata-Kletterei hat, geht ein paar Minuten den Aufstiegsweg zurück bis zu einem Hinweis. Ein rund 300 Meter langes Band bringt zu neuen Drahtseilsicherungen. Hier steigt man senkrecht in der Mitte der großen Felsarena der Nordwestwand hinauf. Diese dreihundert Höhenmeter sind zwar anstrengend und ausgesetzt, aber immer gut gesichert. Nur bei sommerlichem Neuschnee, wenn die Halteseile verdeckt sind, wird es problematisch. Bei einem waagrechten Felsdach wendet man sich nach rechts, geht zuerst über ein Band, durchsteigt eine gesicherte Wand und steht überraschend auf dem Tofana-Vorgipfel, etwa 3000 m. Bei einer Gedenktafel für Giovanni Lipella, einen italienischen Kriegsgefallenen, dessen Namen der Klettersteig trägt, trifft man auf den Normalweg. Der Schottersteig schlängelt sich zunächst eher steil über die charakteristische Kalotte. Am Südrand des mäßig geneigten Schlußdaches steht das weithin sichtbare Kreuz. Aussicht und Gipfelglück haben entsprechendes Format.

Wem der Drahtseilaufstieg durch die Nordwestwand zu strapaziös ist, quert von den Tre Dita auf Steigspuren östlich, bis man auf den markierten Normalweg trifft; dieser führt über Steinstufen und Platten zum Vorgipfel. Nun weiter, wie oben beschrieben, zum Gipfelkreuz (etwa 1¼ Std.). Dank dieser leichteren Ausweichmöglichkeit ist ein Besuch der Tofana di Rozes besonders empfehlenswert.

Für den Abstieg wählt man am besten den Normalweg: Über schottrige Felsstufen, manchmal (je nach Jahreszeit) auch Schneefelder, am Fuß der auffallenden Punta Marietta vorbei bis zum neuen Schutzhaus Giussani. Von dort durch das breite Vallon-Schotterkar auf Steig Nr. 403 direkt zum Rifugio Dibona.

34 Cristallo-Mittelgipfel, 3163 m, Via ferrata Marino Bianchi

TOURISTISCHE ANGABEN

Ausgangs- und Stützpunkte:
Cortina d'Ampezzo, 1210 m; Tre-Croci-Paß, 1809 m; Rifugio Capanna G. Lorenzi auf der Forcella Stauniès, 2932 m, privat, 14 B.

Höhenunterschiede und Gehzeiten:
Forcella Stauniès – Cristallo-Mittelgipfel ↗ 250 m, 1½ Std.; ↘ 1 Std.

Schwierigkeiten:
Wegen der großen Höhe, mehrerer Schattenrinnen (Vereisung, Schneereste) und zwei nicht ganz leichten Kletterstellen nur für felsgeübte Hochtouristen ratsam. Warme Bekleidung.

Tips für Kombinationsmöglichkeiten:
Über den bekannten und nicht allzu schwierigen, gesicherten Höhenweg Sentiero Ivano Dibona von der Forcella Stauniès westwärts durch italienische Kriegsstellungen bis nach Ospitale (5 Std.); außerdem gibt es seit 1974 den etwas anspruchsvolleren Sentiero Renè de Pol, der nördlich durch österreichische Stellungen aus dem Ersten Weltkrieg führt und ebenfalls in Ospitale an der Staatsstraße Toblach – Cortina (5 Std.) endet.

Auf einen berühmten Ampezzaner Dreitausender

„Der Monte Cristallo, der zwischen Gletschern in Türmen aufschießt, ist der Beherrscher des Tales. Abends sahen wir die Zacken der Drei Zinnen aufglühen und wir sahen den Cristallo geisterhaft kalt werden, als das Licht langsam verschwand ..." Mit diesen Worten stellte der englische Reiseschriftsteller G.C. Churchill im Jahr 1863 den Monte Cristallo vor, als er von Cortina kommend im Postgasthof Schluderbach übernachtete.

Noch frappierender ist der Eindruck für den, der von Norden anreist und bei Landro im Höhlensteintal plötzlich die mächtige Eis- und Felsbarriere des dreigipfeligen Cristallo erblickt. Galant hält der Dürrensee der zyklopischen Gruppe aus schneeverbrämten Riesenquadern seinen Spiegel entgegen. Mit den abgestumpften Kanten und dem Flachdach, dem tief eingekerbten Cristallopaß und dem nicht minder imposanten Nachbargipfel, dem Piz Popèna, erreicht hier der Cristallo seine größte Geschlossenheit, seine eindrucksvollste und fotogenste Vorstellung.

In der zergliederten Nordseite mit kompakten Steinsimsen und gekehlten Schluchten sind als hochalpines Attribut zwei spaltige Gletscherchen eingeschnürt. Im Gegensatz zur unnahbar wirkenden nordseitigen Steinarchitektur des Cristallomassivs zeigt die Südseite eine mehr geschlossene, im Hochsommer meist schneefreie Felsfront. Von ihrem Windschatten profitiert Cortina d'Ampezzo.

Bis 1865 galten die Gipfel des Cristallo als unersteiglich. Es war wiederum Paul Grohmann, dem es mit den Führern A. Dimai und S. Siorpaès gelang, am 14. September 1865 auch diese Felsburg zu erobern. Sie wählten dabei die Südseite und arbeiteten sich in anstrengender Schutt- und Geröllsteigerei von Tre Croci bis auf den Cristallopaß empor. Über glatte Felsbänder und Platten, durch ein Couloir und über mehrere Steilstufen gelangten sie auf den Grat und nach schwieriger Kletterei – die Stelle heißt heute noch „Böse Platte" – standen sie am Kamm, der zum Gipfel führt. Um zehn Uhr war der Cristallo erobert.

Erst nach vier Jahren wurde der nicht leichte und mühsame Aufstieg vom Engländer Francis F. Tuckett mit zwei Bergführern wiederholt. Den Abstieg machten sie über den Gletscher nach Schluderbach. Aufsehen erregte die Besteigung im September 1874 durch die Tochter des Schluderbacher Wirtes, Anna Ploner, mit dem Sextener Bergführer Michel Innerkofler, einem der berühmtesten Dolomitenführer seiner Zeit, dem später die Erstersteigung der Kleinen Zinne gelang.

Zur Zeit der klassischen Dolomitenerschließung wurde dann der Cristallo zum begehrten Modeziel. Michel Innerkofler allein hatte über dreihundert Seilschaften auf

den Gipfel geführt. Das letzte Mal am 17. August 1888. Drei Tage später verunglückte er auf tragische Weise: Er fiel in die weit offene Randspalte des Oberen Cristallogletschers.

Heute wird der Cristallo-Hauptgipfel, 3216 m, verhältnismäßig selten bestiegen. Für passionierte Kletterer hat er wenig Reizvolles zu bieten, und für Hochgebirgswanderer sind die Aufstiege mühselig und sehr lang.

Dafür lockt seit Sommer 1973 ein lohnendes Ziel ganz in der Nähe zahlreiche Bergsteiger an: Der Klettersteig Marino Bianchi, der auf dem Cristallo-Mittelgipfel, 3163 m, endet. Cortineser Ferrate-Liebhaber hatten zwar eine Fortsetzung bis auf den Hauptgipfel geplant, doch wurde diese Idee dann von puren Alpinisten überzeugend abgebogen, um den klassischen Cristallo-Gipfel sozusagen nicht zu „entweihen". Die Via ferrata Marino Bianchi trägt den Namen eines Cortineser Bergführers, der 1969 in der Fanis abgestürzt ist. Sie wurde mit 800 Meter Drahtseil, das von 140 Haken gehalten wird, und mit zwei Metalleitern ausgestattet. Es gibt keine beschwerlichen, langen Anmarschwege mehr wie anno dazumal. Den Aufstieg bis auf die Forcella Stauniès, 2918 m, übernimmt bequemerweise das Liftsystem von Rio Geres (Talstation etwa fünf Kilometer südlich des Tre-Croci-Passes).

Der Eisenweg beginnt auf der Terrasse des Rifugio G. Lorenzi. Trotz des geringen Höhenunterschiedes und der nur eineinhalb Stunden dauernden Kraxelei bis auf den Mittelgipfel sollte man den Klettersteig mit einigem Respekt angehen. Da sind vor allem die große Höhe, die häufige Vereisung der Felsen und die plötzlichen Wetterstürze, denen das ganze Cristallomassiv ausgesetzt ist. Allerdings sind die fast durchlaufenden Drahtseile eine große Hilfe bei Neuschnee, Vereisung und Firnresten und erlauben eine gute Selbstsicherung mit Karabiner und Reepschnur. Schwächere Partner gehören unbedingt ans Seil bei diesem erlebnisreichen Felsgang, um daraus eine vergnügliche Tour zu machen.

Die Route führt zunächst nordostwärts über den zerrissenen Nordnordwestgrat, ganz knapp unter der dritten Cristallospitze, 2950 m, durch. Sie ist teilweise ausgesetzt und abschüssig, Platten, kleine Scharten und Geschröf sorgen für Abwechslung und Spannung. Zwischendurch verliert man etwas an Höhe. Schließlich sind zwei Wandstellen zu bewältigen, die einiges Zupacken und Felsgewandtheit erfordern. Ist einmal der Schlußgrat erreicht, gelangt man unschwierig zum ausladenden, schuttbedeckten Gipfelplateau. Die Aussicht braucht kein Lob: Tief unten Cortina d'Ampezzo, das sich in der grünen Mulde, umgeben von großer Dolomiten-Prominenz, sonnt. Nordwärts streift der Blick weit hinaus ins Höhlensteintal. Phantastisch wirkt

Das Cristallomassiv von Norden mit dem Hauptgipfel (rechts) und dem formschönen Piz Popèna. Dazwischen der Cristallopaß.

der unmittelbar darunter liegende Cristallogletscher; steil und zerklüftet zieht er hinauf bis zum Cristallopaß, der den markanten Piz Popèna, 3152 m, vom Cristallo-Hauptgipfel trennt. Der Abstieg erfolgt auf der gleichen Route.

Im Anschluß an die Via ferrata Marino Bianchi empfiehlt es sich, den Abstieg über den Höhenweg „Ivano Dibona" zu nehmen. Die nicht sehr anspruchsvolle Klettersteiganlage vermittelt prächtige Schau-Erlebnisse zu Sorapis, Tofanen und Croda da Lago, zu Antelao, Marmolata und Hoher Gaisl. Interessante Kriegsrelikte lassen den Panoramaweg kurzweilig erleben, selbst der nicht so versierte Bergsteiger wird auf keine unüberwindlichen Schwierigkeiten treffen. Endpunkt des Weges ist schließlich im Val Grande, das auf der Rückseite des Pomagagnonzuges erreicht wird. Von dort gelangt man nach etwa zwei Kilometern nach Ospitale. Mit Bus oder Taxi wird nach Cortina d'Ampezzo zurückgekehrt.

Der Cristallo-Mittelgipfel von der Forcella Stauniès. Ziemlich genau in Bildmitte verläuft der Klettersteig „Marino Bianchi", der bei Neuschnee alles andere als ein Spaziergang ist.

35

Nordöstliche Cadinspitze, 2790 m, Via ferrata Merlone

In der romantischen Cadin-Gruppe

TOURISTISCHE ANGABEN

Ausgangs- und Stützpunkte:
Misurina, 1756 m; Pian degli Spiriti (Parkplatz), 1900 m; Rifugio „Fratelli Fonda Savio", 2367 m, CAI, bew. Mitte Juni bis Ende Sept., 25 B, 50 M.

Höhenunterschiede und Gehzeiten:
Pian degli Spiriti (Geisterplatz) – Rif. Fonda Savio ↗ 470 m, 1½ Std.; Rif. Fonda Savio – Nordöstl. Cadinspitze ↗ 420 m, 1½–2 Std.; zurück zur Hütte 1 Std.

Schwierigkeiten:
Bei guten Verhältnissen keine technischen Schwierigkeiten. Trittsicherheit und Schwindelfreiheit, besonders im Abstieg, erforderlich.

Ein Gewirr von Türmen und Nadeln – die Cadinspitzen, eine kleine Dolomitengruppe, die touristisch im Schatten der Drei Zinnen steht. Die markante Berggestalt im linken Bildteil ist der Torre Siorpaes, über der Bildmitte Nordöstliche Cadinspitze und Cima Cadin di San Lucano, 2837 m, der höchste Gipfel der Cadin-Gruppe.

Unter den teilweise beträchtlich großen Dolomitengruppen ist sie ein Zwerg. Trotzdem gewinnt die Cadin-Gruppe mehr und mehr an Beliebtheit, wird sozusagen eine gerne in Anspruch genommene Alternative zum Rummel um die Drei Zinnen, die sich unmittelbar nördlich der Cadinspitzen erheben. In erster Linie sind die Zinnen und Türme dieser kleinen Dolomitengruppe ein Klettergebiet – mit lohnenden, teilweise sehr schwierigen, wenn auch kurzen Führen. Daß sie bis in unsere Tage den deutschsprechenden Bergsteigern und eingefleischten Dolomitenliebhabern weitgehend unbekannt geblieben sind, ist darin begründet, daß es noch kein Führerwerk in deutscher Sprache gibt.

Wenn sich auch die Gemüter erhitzen mögen, ob es in der Cadin-Gruppe unbedingt notwendig gewesen wäre, ebenfalls einen dieser Eisenwege, die sich heute in so vielen Dolomitenmassiven verbreiten, zu errichten – er wurde gebaut; und zwar so narrensicher, daß dem Begeher das Gefühl vermittelt wird, er würde Sprosse um Sprosse auf einer gigantischen Feuerwehrleiter emporklettern. Nur wenige Strecken sind mit einem vergleichsweise bescheidenen Drahtseil gesichert; die Leiternsysteme erstrecken sich über Hunderte von Metern!

Die solcherart gesicherte Ostflanke der Nordöstlichen Cadinspitze wäre eine Anlage für Eisenweg-Neulinge. Daß auch diese leichte Route ihre Tücken haben kann, mag folgende Geschichte aufzeigen:

Wir kamen früh im Jahr, Anfang Juli. Am Hochgall waren wir abgeblitzt, nur mit viel Mühe und harter Spurarbeit hatte ich das Ruthner Horn erreichen können; selbst die Dolomitengipfel zeigten sich in den Hochlagen winterlich. In der Cadin-Gruppe schienen jedoch Touren möglich und wir zogen an einem klaren Morgen zur schmucken, kleinen Fonda-Savio-Hütte hinauf. Unser Ziel: Die Via ferrata Merlone.

Schon vor dem Einstieg sahen wir, daß dieser an sich problemlose Eisenweg heute nicht mit normalen Maßstäben zu messen war. Der bezeichnete Zustieg über einen Schrofenvorbau war mit dickem Wassereis überzogen, wir mußten es umgehen und gleich zu Beginn klettern – immerhin im II. Schwierigkeitsgrad. Es hatte mich kaum noch überrascht, daß die orangefarbenen Leitern ebenfalls von einer Eisschicht bedeckt waren. Der Aufstieg über die Sprossen schien unter diesen Umständen nicht ganz ungefährlich. Da sah ich einen Ausweg: Von den Steigbauarbeiten herrührend war ein langes Eisenstück liegengeblieben. Damit befreite ich Sprosse um Sprosse von ihrem eisigen Mantel; ich schlug und hämmerte, daß es sicher bis zur Hütte hinunter zu vernehmen war. Währenddessen stand die Gefährtin in einem Felswinkel, wo ihr meine unfreundlichen Morgengrüße nichts anhaben konnten und fror – während mir der Schweiß in Strömen ausbrach. Endlich wurden die Eisglasuren dünner und bald lagen die ersten trockenen Sprossen vor mir. Dann wagte auch meine Bergkameradin den Aufstieg und eine Stunde später standen wir schon auf dem exponierten Gipfel. Beim Abstieg auf der gleichen Route fanden wir die nur Stunden vorher dick verglasten Leitern vollkommen trocken vor — sie wären es sicher auch gewesen, wenn ich sie nicht von ihrem Eispanzer befreit hätte!

Bei normalen Verhältnissen ist die Via ferrata Merlone eher ein Halbtagesspaß denn eine ernste alpine Tour. Trotzdem ist dieser Aufstieg liebenswert, schon allein wegen der Ausblicke, die einen am Gipfel erwarten. Beherrschend ist natürlich die Schau auf die Drei Zinnen, die auch von Süden gesehen keine „schlechte Figur" machen. Weit im Südwesten steht die überfirnte Marmolata. Besonders beeindruckend aber sind die Nahblicke in die Felswildnis der Cadinspitzen. Unmittelbar gegenüber erhebt sich der höchste Gipfel, die Cima Cadin di San Lucano. Sie ist nur geübten Kletterern vorbehalten. Über dem roten Hüttendach des Rifugio Fonda Savio erhebt sich der kühne Torre Wundt, einer der vielen Zacken, Türme und Türmchen, die den großen Reiz dieser kleinen Gruppe ausmachen. — Wer unbedingt in den Bereich der abgasverpesteten Auronzohütte wandern will, der schlendre nachmittags auf dem teilweise gesicherten Bonacossa-Weg hinüber zum Allerheiligsten: Zu den Drei Zinnen, die trotz Superdirettissima, Autostraße, Abfallhäufen und Ferngläsern das tägliche bunte Gewurle überdauern werden bis zum Ende unserer Tage.

Die Via ferrata Merlone ist eine überdimensionale „Feuerwehrleiter", deren Begehung allerdings absolute Schwindelfreiheit voraussetzt. In den Morgenstunden waren am Tag, als diese Aufnahme entstanden ist, Fels und Leitern mit einer tückischen Wassereisglasur überzogen. Selbst gegen Mittag trieften die Felsen noch vor Nässe. Der Bergkörper im Hintergrund gehört zum höchsten Cadingipfel, der Cima Cadin di San Lucano.

Die Via ferrata degli Alleghesi

36

Lohnend, luftig und lang auf den Civetta-Hauptgipfel, 3220 m

Als mächtigster Felsaufbau der gesamten Dolomiten mit zweitausend Meter tief abstürzenden Wänden ragt hoch über dem Alleghesee die Civetta aus einem dichten Waldgürtel heraus. Türme, Grate, Wandfluchten reihen sich zu einer gigantischen, sechs Kilometer langen Mauer, die bei klarem Sonnenuntergang, wenn es im Tal bereits dämmert, im herrlichsten rotgoldenen „Enrosadüra" intensiv nachglüht. Der Engländer S. H. Hamer schrieb in seinem Buch „The Dolomites": „... die Civetta ist zweifellos eine Königin, ein männlicher Name wäre hier völlig fehl am Platze gewesen."

Im Italienischen bedeutet „Civetta" allerdings ein kokettes weibliches Wesen, das die Liebhaber bezaubert und betört. Und welcher Bergbegeisterte ist nicht ein bißchen vernarrt in die Civetta, wenn er sich ihr das erste Mal nähert; sei es als schlichter Wanderer, als Ferratageher oder als Sestogradist. Wie nüchtern klingt dagegen die Beschreibung im einschlägigen Dolomiten-Kletterführer: „Der Felscharakter der Civetta-Gipfel ist echt dolomitisch und zeigt — besonders an den Türmen — die typische Schichtenformation. Dennoch ist diese nicht so ausgeprägt wie z. B. in der Tofana- oder Zinnen-Gruppe. Der Fels in der Civetta ist größtenteils außerordentlich kompakt."

Durch einen apokalyptischen Bergsturz ist im Jahr 1711 der Alleghesee entstanden. Drei Jahre später schon war er auf der bekannten Tirolkarte des Landvermessers Peter Anich eingezeichnet. Neben anderen Bergnamen steht dort auch „Monte Civetta". Doch sollte es noch eineinhalb Jahrhunderte dauern, bis Ende Mai 1867 dem Engländer F. Fox Tuckett mit zwei Schweizer Bergführern die erste touristische Ersteigung der Civetta gelang.

Paul Grohmann fand zusammen mit dem jungen Bauern Simeone Piovanel aus Pecol im August 1867 die Besteigung der Civetta über die Ostseite (heutiger Normalweg) ohne besondere Probleme. Er hielt es lediglich für ratsam, dem Beispiel Piovanels zu folgen und einige glatte Platten barfuß zu erklettern.

Die Durchsteigung der Nordwestwand im August 1895 ist mit A. G. S. Raynor und J. S. Phillimore verknüpft. Die Führer A. Dimai und G. Siorpaès waren ihre Begleiter. Im Talort Caprile weckte das Unternehmen Staunen und Interesse, wurde von den Einheimischen als unmöglich eingestuft, nach dem guten Erfolg aber stürmisch gefeiert.

Den fünfzehnstündigen, extremen Direttissima-Anstieg durch die 1200 Meter hohe, von Rissen und Schluchten durchfurchte Riesenwand vollbrachten aber erst 1925 die

TOURISTISCHE ANGABEN

Ausgangs- und Stützpunkte:
Pensionen und Gasthäuser in Colle Santa Lucia, 1453 m; Rifugio Coldai, 2135 m, CAI, 60 B, 20 M, bew. Ende Juni bis Ende Sept.; Rifugio Maria Vittoria Torrani, 3018 m, CAI, kleines Hüttchen mit beschränkter Verpflegungs- und Übernachtungsmöglichkeit.

Höhenunterschiede und Gehzeiten:
Casèra di Pioda (Parkplatz) – Coldaihütte ↗ 250 m, 3/4 Std.; Coldaihütte – Einstieg ↗ etwa 200 m, 1 1/2 Std.; Einstieg – Gipfel ↗ etwa 1000 m, 4 Std.; Gipfel – Coldaihütte ↘ 1200 m, 3 1/2 Std.

Schwierigkeiten:
Wegen der Länge, Höhe und Ausgesetztheit nur bei sicherem Wetter und guten Verhältnissen ratsam, für Trainierte, Schwindelfreie und Felsgeübte. Achtung auf durch Blitzschlag gelockerte Sicherungen!

Tips für Tourenmöglichkeiten:
Von der Torranihütte über die Via ferrata A. Tissi (schwierig) zum Rifugio Vazzolèr, 1714 m, 3 1/2 Std.; dort Nächtigung; zurück unterhalb der Nordwestwand über Coldaisee und Coldaischarte zum Rifugio Coldai. – Von der Forcella Staulanza, 1773 m, Übergang zum Rifugio Venezia, 1947 m, und ↗ zum Monte Pelmo, 3168 m, etwa 5 Std. ab Hütte.

Torre Coldai (links) und Torre d'Alleghe von Nordwesten, rechts hinten der Civettagipfel, ganz rechts die Kleine Civetta. Mit dem Torre Coldai beginnt die lange Nordwändeflucht, die an der Civetta selbst eine Höhe von etwa 1500 m erreicht und damit zu den gewaltigsten Wandabstürzen der Alpen gehört.

Münchner Alpinisten G. Lettenbauer und E. Solleder. Mit dieser aufsehenerregenden Führe meisterten sie „die erste und vollkommene Wandroute VI. Grades in den Dolomiten", wie Domenico Rudatis in seinem Buch „Das Letzte im Fels" schrieb. Paula Wiesinger gelang 1930 — mit Hans Steger — als erster Frau diese schwierige Route. Zwei Jahre später holte sich die Civettawand ihr erstes und prominentes Opfer: Der bekannte Münchner Alpinist Leo Maduschka starb nach einem Wettersturz unter dramatischen Umständen knapp zweihundert Meter über dem Einstieg.

Nach dem zweiten Weltkrieg setzte ein „run" auf die „Wand aller Wände" ein. Es gab unter anderem drei Alleinbegehungen: Cesare Maestri benötigte siebeneinhalb Stunden, der Deutsche Gonda sechs Stunden und der Österreicher Toni Egger viereinhalb Stunden.

Vom 28. Februar bis 7. März 1963 kam es zur ersten Winterbegehung: I. Piussi, G. Radaelli und Toni Hiebeler waren die Protagonisten dieses beinahe mörderischen Unternehmens. „Die acht Tage und sieben eisigen Winternächte gehören in meiner Erlebniswelt zu den abenteuerlichsten Stationen — und zu den schönsten zugleich", äußerte sich Hiebeler anschließend.

Die Civetta gilt als Hochburg der Extremen. Das schließt aber nicht aus, daß auch hakentechnisch weniger versierte Bergsteiger in diesem großartigen Gebiet zu beglückenden Bergerlebnissen kommen. Kenner behaupten, daß eine Umrundung der Civetta auf bezeichneten Steigen zu den eindrucksvollsten Rundtouren der Ostalpen gehört. Auch auf dem gebräuchlichsten Anstiegsweg von der Coldaihütte aus ist ein Gipfelbesuch wohl mühsam und lang (5 bis 6 Std.), für etwas geübte Touristen aber gut zu bewältigen. Schwindelfreie haben für den Civettagipfel zwei Möglichkeiten zur Wahl: Die Via ferrata Tissi auf der Südseite und die Via ferrata degli Alleghesi auf der Ostflanke. Lohnend, lang und luftig sind sie beide.

Mit der Anlage der „Alleghese" begann man schon 1950, hauptsächlich als Abstiegshilfe für Kletterer aus der Nordwestwand. Doch erst im Sommer 1967 wurde sie auch für — allerdings nur versierte — Ferratageher fertiggestellt. Die „Civetta-Katzenleiter" geht über Eisenbügel, Stifte, Drahtseile und Metalleitern durch die vierhundert Meter hohe Ostwand der Punta Civetta. An dieser vorbei wird der Nordgrat zum Gipfel erreicht. Im letzten Abschnitt sind die Sicherungen eher spärlich.

Die Civetta-Klettersteige sind ernste Unternehmen für den alpinen Normalverbraucher. Zunächst als Abstiegserleichterung für Nordwestwandkletterer gedacht, sind sie heute Wunschziele anspruchsvoller Eisenweggeher.

Über Colle Santa Lucia fährt man zur Forcella Staulanza und einige Kilometer das Val Zoldo abwärts bis zu einer Liftstation. Rechts über ein schmales Sträßlein zur Casèra di Pioda, 1892 m, eine große Alm mit Parkmöglichkeit.

Die Coldaihütte ist von dort aus zwar nicht zu sehen, aber das Seil des Materialaufzuges und Markierung 556 geben die Richtung an. Nach etwa 45 Minuten ist das Schutzhaus erreicht. Prächtig die Schau zum Monte Pelmo und ins grüne Zoldotal. Ein früher Aufbruch verlängert den Tag. Auf rot bezeichnetem Steig, dem Tìvan-Weg (Normalweg), durchquert man im Auf und Ab die Civetta-Ostseite. Bei der dritten Karausbuchtung leiten deutliche Hinweise nach rechts zum Einstieg. Es beginnt gleich sehr „eisenhaltig“: Ein Überhang mit Metallklammern und Leitern. Risse, Wandln, Rippen, Querungen und ein 40 Meter hoher Kamin (Eisenleitern) sorgen für Abwechslung beim Klettersteigvergnügen.

Auf halber Wandhöhe führen die Markierungen auf eine schmale Felsschulter hinaus, die einen überwältigenden Blick in die wilde Nordwestwand gewährt. Gestufter Fels lenkt unter der Punta Civetta durch. Zum Ausrasten sogar ein nettes Steiglein, eine seichte Rinne, Geschröf. Wiederum ein Schauhöhepunkt: Die Schartenkimme zwischen Punta Civetta und Punta Tissi. Der Blick geht hinunter ins Val Civetta — ein gewaltiger Höhenunterschied —, und zum Col Rèan mit dem Rifugio Tissi. Fixe Seile ziehen über den Nordgrat und geneigte Block- und Geröllstufen bis zum letzten Grataufschwung. Nur teilweise seilgesichert weiter über Gesimse und Geröll entlang der Schneide, die im Nordgipfel kulminiert. Auf ihm ist das große Kreuz verankert. Die Rundsicht ist grandios: Alle Ampezzaner Berge lassen die Schönheit ihrer Gestalt bewundern, die firnschimmernde Marmolata zeigt ihr makelloses Profil. Wie vom Flugzeug aus genießt man die Schau auf Alleghe und den See, auf die Dörfer des Cordevoletales.

Der Abstieg erfolgt zunächst südöstlich über Schotter und Schrofen zur kleinen Torranihütte, ein wichtiger Stützpunkt vor allem für Nordwestwand-Kletterer und Endpunkt der Tissi-Ferrata.

Nun auf dem Normalweg (rote Tupfen, Steinmännchen) über Schotter, schräge Platten, Schneeflecke hinunter zu einem kurzen, aber nicht ganz einfachen Kamin. Nach rechts gelangt man zum abschüssigen Band, genannt „Passo del Tenente“, mit Seilsicherung. Ein Schuttfeld, wieder ein zehn Meter hoher Plattenschuß, zuletzt über eine Schotterreise ins Kar mit dem ständigen Lawinenkegel. Dieser wird überquert und damit der ausgeprägte Tìvan-Steig nordöstlich zurück zur Coldaihütte gewonnen.

37 Die Via ferrata Gianni Costantini

Der Klettersteig-Hit in den Dolomiten

TOURISTISCHE ANGABEN

Stützpunkt:
Das Rifugio Carestiato am Südfuß des Cresta delle Masenade, 1843 m; CAI-Agordo, 35 L; bew. vom 20. 6. bis zum 20. 9.; wird vom nahen Passo Duran über die Dolomiten-Höhenroute Nr. 1 (Weg Nr. 549) in einer Gehstunde erreicht; Bivacco Giuseppe Ghedini an der Forcella delle Nevere, 2601 m, CAI-Agordo, 6 L, ganzjährig geöffnet; für den Notfall willkommener Stützpunkt in der Hochregion der westlichen Moiazza-Gruppe.

Höhenunterschiede und Gehzeiten:
Rifugio Carestiato – Cresta delle Masenade ↗ 900 m, 3–3½ Std.; Forcella delle Nevere – Rifugio Carestiato ↘ 770 m; Cresta delle Masenade – Forcella delle Nevere (Bivacco Ghedini) 1½–2 Std.; Forcella delle Nevere – Van dei Cantoi 1¼–1½ Std.; Van dei Cantoi – Rifugio Carestiato ½ Std.

Schwierigkeiten:
Die Sicherungen an der Via Ferrata Costantini beschränken sich ausschließlich auf Drahtseile. Querungen oft völlig tritt- und griffarmer Platten bzw. Anstiege über senkrechte, glatte Wandstellen fordern besondere Technik und vor allem gehörige Armkraft. Bei Vereisung oder Schneelage ist von einer Begehung dieses Eisenweges abzuraten.

Südlich der Civetta erheben sich die Moiazzaberge; in unmittelbarer Nachbarschaft berühmter Dolomitenriesen, begehrter Kletterberge wie dem Torre Trieste im Cantoni-Kamm, dessen Südwandrouten bis vor kurzer Zeit noch immer als „das Letzte im Fels“ gegolten hatten.

In dieser Moiazza-Gruppe geschah ähnliches wie einige Jahre zuvor in der Schiara: Durch neue gesicherte Steiganlagen rückte ein vormals nur wenig bekanntes Gebirge in das Blickfeld bergsteigender Normalverbraucher. Die in den Dolomiten einzig dastehende Klettersteig-Rundwanderung der „Via ferrata Costantini“ in der Moiazza-Gruppe stellt derzeit das Non Plus Ultra in Bezug auf Länge, Schwierigkeit und landschaftlichen Reiz dar. Nur Brenta- oder Schiara-Eisenwege könnten hier konkurrieren, doch besitzen auch sie nicht ganz die hochalpine Note des Costantiniweges. Der Verlauf der Route ist faszinierend großartig! Vom Parkplatz am Passo Duran steigt man in rund einer Stunde zum prachtvoll gelegenen Rifugio Carestiato an der Südseite der Moiazza-Gruppe an. Hier beginnt nun die Durchsteigung der Cresta-delle-Masenade-Südwand entlang des gesicherten Costantini-Ostweges, der einen Höhenunterschied von rund 900 Meter überwindet. Die herrliche Rundsicht vom selten bestiegenen Cresta delle Masenade ist ungewöhnlich eindrucksvoll, vor allem der Blick zu den nördlichen Dolomitenriesen Civetta, Pelmo und Antelao, aber auch der interessante Einblick in die weniger bekannten südlichen Dolomiten-Gruppen Tamer, Talvena, Schiara, Monti del Sole und Feltriner Alpen.

Vom Cresta delle Masenade weg folgt der Steig dem fast zwei Kilometer langen Verbindungsgrat hinüber zur Cima Moiazza Sud. An der Südostschulter der Cima Moiazza setzt dann das prächtige, an den Bocchetteweg in der Brenta erinnernde Felsband der „Cengia Angelini“ an. Von hier führt ein neuer gesicherter Steig auf die Cima Moiazza Sud. Nach Begehung des Angelini-Bandes erreicht man schließlich die Forcella delle Nevere am Westfuß der Cima Moiazza Sud. Seit Sommer 1976 steht hier das neue Bivacco Giuseppe Ghedini, an dem die Rundtour, aus welchen Gründen auch immer, unterbrochen werden kann. Zum Bivacco Ghedini kann man übrigens auch von Norden, vom Rifugio Vazzoler her, durch das Val delle Nevere in landschaftlich großartigem, jedoch mühsamem Anstieg (viel Geröll!) gelangen. Der Abstieg von der Forcella delle Nevere erfolgt über die Costantini-Westroute durch die 400 Meter hohe, plattige Steilschlucht „Lavina dei Cantoi“, wo man zur Dolomiten-Höhenroute Nr. 1 gelangt und dieser nun in Richtung Rifugio Carestiato folgt. Hauptmerkmal der neuen Steiganlage ist das vollständige Fehlen von Eisenleitern. Alle Hindernisse werden an fixierten Drahtseilen bewältigt, wodurch die Route einerseits anstrengender wird, andererseits technisch interessanter bleibt. Die schönsten Passagen befinden sich an der Südwand des Cresta delle Masenade. Nach einer steilen

Plattenzone gelangt man zur Schlüsselstelle des gesamten Rundweges, ein riesiges U-förmiges Felsportal, das in etwa zehn Meter hoher senkrechter Wand gegen eine Geröllterrasse abfällt. Die Bewältigung dieses Aufschwunges erfolgt mittels langer, ansteigender Querung an fixierten Drahtseilen. Die Stelle fordert große Armkraft und unbedingte Selbstsicherung! Der Rest ist für den geübten Bergsteiger ein nicht enden wollender Klettergenuß. Das Unternehmen sollte aber nur bei sicheren Witterungsverhältnissen und möglichst früh am Morgen (Südwand) angegangen werden.

Der Costantini-Ostweg über den Cresta delle Masenade zur Forcella delle Nevere (Bivacco Ghedini) in Stichworten: Von der Hütte auf der Dolomiten-Höhenroute Nr. 1 fünf Minuten in Richtung Rifugio Vazzoler, wo der Costantiniweg (Tafel) nach rechts abzweigt. Über Geröll nördlich gegen das Amphitheater unter dem Cresta delle Masenade und hinauf zum Einstieg. Glatte Platten, eine kühne Querung, eine senkrechte und trittlose Wand (sehr anstrengende Schlüsselstelle) und ein steiler Kamin leiten zu einer Geröllterrasse (Aufschrift „Pala del Belia", 2295 m). Weiter rechts von einem Kamin, dann durch eine Schlucht hoch hinauf auf einen sekundären Gratrücken. Jenseits in eine von links herabziehende Schlucht und an ihrer rechten Begrenzung zu einer Scharte am Gipfelgrat (Südgrat) des Cresta delle Masenade (Aufschrift „Cima Cattedrale", 2557 m). Nun folgt der Steig dem nahezu zwei Kilometer langen Grat zur Cima Moiazza Sud. An deren Südostschulter beginnt das reizvolle Felsband der „Cengia Angelini", über das man schließlich zur Forcella delle Nevere gelangt. (Der Gipfel der Cima Moiazza Sud wird über einen gesicherten Steig vom Ansatzpunkt der „Cengia Angelini" erreicht.)

Abstieg zum Rifugio Carestiato: Von der Forcella delle Nevere fällt die Plattenschlucht „Lavina dei Cantoi" steil nach Süden ab. An der orographisch rechten Seite dieser Schlucht verläuft der Costantini-Westweg hinunter in das Van dei Cantoi. Von der Scharte über steile Felsabsätze, Platten und Geröll durch die Ostseite der Cima delle Nevere ziemlich tief hinunter; im unteren Teil mit längeren Querungen weiter abwärts, zuletzt nach links hinab in die Geröllfelder des „Van dei Cantoi". Südwärts auf den Dolomiten-Höhenweg Nr. 1 und zur Hütte zurück.

Der Costantini-Weg dürfte derzeit unter den gesicherten Dolomiten-Klettersteigen die Nummer eins sein – zumindest was Schwierigkeit und Routenführung anbelangt. Darüber hinaus erfreuen den Begeher immer wieder begeisternde Ausblicke: hier auf den Torre Trieste, den berühmten Civetta-Felsturm, der nur den Extremen unter den Kletterern vorbehalten ist. Seine schwierigsten Durchstiege waren bis vor noch nicht allzu langer Zeit „das Letzte im Fels"!

38 Die Via ferrata Zacchi

Kühner Felssteig quer durch die Südwand der Schiara, 2565 m

TOURISTISCHE ANGABEN

Stützpunkte:
Rifugio 7° Alpini, 1498 m, CAI, 80 B und M, bew. Ende Juni bis Ende Sept.; Rifugio Furio Bianchet, 1245 m, am Pian dei Gat, CAI, 36 B, bew. Ende Juni bis Ende Sept.; Biwakschachtel Ugo Dalla Bernardina, 2320 m, am Ende der Zacchi-Ferrata, 6 L, Wasserstelle in der Nähe; Biwakschachtel Gianangelo Sperti, 2100 m, auf halber Strecke der Via ferrata Sperti, 6 L, kein Wasser; Biwakschachtel Sandro Bocco, 2350 m, auf der Marmòlscharte, 9 L, Wasser nur, falls Schneeflecke vorhanden.

Höhenunterschiede und Gehzeiten:
Case Bortòt (Parkplatz) – Rifugio 7° Alpini ↗ 800 m, 3 Std.; Alpinihütte – Einstieg Via Zacchi ↗ etwa 300 m, ¾ Std.; Einstieg – Bivacco Dalla Bernardina ↗ 550 m, 3 Std.; über die Ferrata Sperti – Rifugio Alpini ↘ 820 m, etwa 3½ Std.; oder zum Schutzhaus Furio Bianchet ↘ 1080 m, etwa 2 Std., weiter bis zur Staatsstraße Agordo-Belluno ↘ 800 m, 2 Std.

Die steilen Südabstürze des Schiaragipfels. Die Via ferrata Zacchi durchzieht sie diagonal von rechts unten nach links oben, gegen die deutlich zu erkennende Gusela del Vescovà.

Belluno ist eine reizvolle, anziehende Stadt. Zahlreich sind die Spuren aus der Renaissance und der venezianischen Kunst. Besonders schön der prachtvolle Palazzo dei Rettori am Domplatz, das Rathaus, der alte Bischofspalast. Die venezianisch-alpine Hauptstadt der Ostdolomiten bezieht ihren Charme gleicherweise von der nahen Ebene wie von dem sich im Norden aufbauenden Zackengebirge. So liegt ihre Hauptbedeutung darin, Brücke zwischen Venetien und den Dolomiten zu sein.

„S'ciara" nennen die alten Leute im Bellunesischen vor allem den Ehering, und „Schiara" ist der Name für jene großartige Dolomiten-Gruppe, die sich wie ein Ring, ein Reif, unmittelbar über die Dächer der malerischen Stadt am Piave spannt.

Ein unermüdlicher Künder und Erschließer der attraktiven Schönheiten der weitverzweigten Schiara-Gruppe ist der bekannte Belluneser Bergsteiger Piero Rossi. Er hat einen ausgezeichneten Führer und einen hervorragenden Bildband, „La S'ciara de oro" (ein Wortspiel, „Der goldene Reif"), herausgebracht.

Das fast quadratische Gebiet der Schiara-Gruppe erstreckt sich über rund 250 Quadratkilometer. Die südliche und östliche Begrenzung ergibt sich durch den Piave, den „heiligen Schicksalsfluß" der Italiener, an dem sie gegen Ende des ersten Weltkrieges die vordringenden Österreicher stoppten. Im Westen begrenzt das Cordèvoletal das Gebiet. Aus dem nördlichen Val Zoldo erheben sich die Civetta und die Moiazza, der Monte Pelmo.
Das bergsteigerische Interesse konzentriert sich maßgeblich auf die Südabstürze des Schiaramassivs, das durch ein geschickt angelegtes Netz von beeindruckenden Klettersteigen und mit drei Biwakschachteln zum wahren Ferrate-Dorado geworden ist. Wegen der relativ geringen Höhe — der Schiaragipfel ist „nur" 2565 Meter hoch — und der ausgesprochenen Sonnenlage offeriert das Gebiet bereits im Spätfrühling und noch bis weit in den Herbst hinein alpine Besonderheiten.

Wanderer kommen in der Schiara wegen der außerordentlichen landschaftlichen Vielfalt und dem vorbildlich bezeichneten Wegenetz auf ihre Rechnung. Wildromantische Täler, tiefe Schluchten, üppige Matten mit ebenso üppiger Flora, unberührte Wälder und fast absolute Einsamkeit sind die Charakteristiken.

Seit 1970 ist die Schiara-Gruppe dem Dolomiten-Naturschutzpark einverleibt, so ist die Erhaltung ihrer Ursprünglichkeit gesichert. Es gibt dort weder Sessel- noch Seilbahnen, es gibt keine Autostraßen. Dafür allerdings lange Anmarschwege zu den zwei gut geführten Schutzhütten: Das Rifugio 7° Alpini auf der Südseite, im Hochkar Pis Pilon, und das neue Rifugio Furio Bianchet am Nordfuß der Schiara.

Schwierigkeiten:
Der Zacchiweg reiht sich unter die kühnsten Dolomiten-Steiganlagen würdig ein. Trotz zahlreicher solider Sicherungen bedarf es größter Trittsicherheit und Gewandtheit im ausgesetzten Felsgelände und auch guter Kondition. Für den trainierten Ferratageher ein echter Hochgenuß. Etwas leichter, wenn auch nicht zu unterschätzen, sind die Felswege Sperti, Marmòl und Berti.

Tips für Kombinationsmöglichkeiten:
Über den Spertisteig ↘ über die Ferrata Zacchi; umgekehrt empfehlenswerter; etwa 7 bis 8 Std. – Ferrata Zacchi – Gipfelbesteigung über die Ferrata Berti (Mark. 504) ↗ 250 m, 1 Std.; Überschreitung östlich zur Forcella Marmòl 1½ Std.; ↘ über die Ferrata Marmòl zur Alpinihütte, etwa 3 Std.; Höhenunterschied ab Gipfel 1065 m. Für diese stramme Schiara-Überschreitung rechnet man insgesamt etwa 9 Std. Nur bei verläßlichem Wetter ratsam, am isolierten Schiaragipfel entladen sich plötzlich aufkommende Gewitter besonders heftig.

Die Bergsteiger stehen vor der Biwakschachtel Ugo dalla Bernardina, die über die Via ferrata Zacchi erreicht wird. In der Nähe der Notunterkunft beginnt die Via ferrata Berti zum Schiaragipfel.

Der Botaniker findet auf seiner Exkursion von Belluno zum Gipfel des Monte Pelf, 2506 m, oder der Schiara die gesamte Skala von Pflanzen und Blumen, von der Mittelmeerflora bis zu jener im äußersten Norden Europas.

Für den Kletterer gibt es rund dreißig Anstiege mit Felshöhen von 250 bis 1000 Meter im III. bis VI. Schwierigkeitsgrad. Der Fels ist durchaus kompakt, die Zugänge zu den Einstiegen von den Hütten aus sind meist kurz.

Doch das Gros der Bergsteiger kommt in die Schiara der Klettersteige wegen. Und hier ist es vor allem die Via ferrata Zacchi, die bei Eisenweg-Spezialisten einen besonderen Ruf hat. Es ist ein Unternehmen, das alle Erwartungen an Großartigkeit übertrifft, zumal die rund 800 Meter hohe Schiara-Südwand bis auf 200 Meter bewältigt wird. Ein Eisenweg, der 1952 angelegt wurde und seit 1959 durch die Via ferrata A. Berti seine Fortsetzung bis zum Schiaragipfel, 2565 m, findet.

Als Ausgangspunkt dient das Rifugio 7° Alpini: Von Belluno zum kleinen Ort Bolzano-Bellunese (Bus), dann auf nunmehr asphaltierter Straße bis zur Häusergruppe Case Bortòt (694 m, Gasthaus, Parkplatz). Mit Markierung 501 durch das wildromantische Val d'Ardo aufsteigend erreicht man in etwa drei Stunden das Schutzhaus. Es ist dies übrigens die letzte Etappe des „Dolomiten-Höhenweges Nr. 1“ vom Pustertal nach Belluno, der bei der Forcella Marmòl (Biwakschachtel „Sandro Bocco“), 2262 m, die Schiara-Gruppe überschreitet.

Es erübrigt sich, den Verlauf des Zacchisteiges detailliert zu beschreiben, da er hervorragend bezeichnet (Nr. 503) und durch die Sicherungen nicht zu verfehlen ist. Das Wichtigste in Stichworten: Von der Hütte nördlich über einen Rasenrücken mit einzelnen Buchen zum kavernenartigen Felsausbruch am Wandfuß, genannt „Portòn“. Der Sage nach soll hier der Eingang zu einem Felstunnel zwischen dem Bellunesischen und Agordo gewesen sein, der sich hinter einer frechen Räuberbande verriegelte. Rechts befindet sich der Einstieg mit den ersten Metallstiften und Drahtseilen. Über Eisenleitern erreicht man eine eingerissene Schlucht mit schönem Ausblick zum Monte Pelf im Osten.

Auf einem überwölbten, abschüssigen Band (Drahtseile) zu einem Kamin mit Leitern und Seilen. Anschließend grasdurchsetztes Schrofengelände und Wegteilung der rechts abgehenden Via ferrata Marmòl. Der Zacchiweg erreicht einen Grat samt Felskopf und Wasserstelle (rotes Dreieck). Nach einer Rinne und einem Kamin beginnt die „Diagonale Zacchi“, eine Rampe, über die man zu einem schmalen, grasdurchsetzten Band gelangt, das zum Schluß sehr ausgesetzt ist. Eine doppelte Reihe von

Eisenklammern erleichtert die Traverse eines Felsbauches bis in eine Schlucht. Wieder Klammern und Leitern, die sehr luftig in die Höhe, zum bekannten „Zacchi-Band“, führen. Überwältigender Tiefblick — und nichts für Anfänger. Am Ende des Bandes wieder eine sehr luftige Passage mit massiven Eisenschienen entlang der Wand.

Die Schwierigkeiten sind nun zu Ende. Man gelangt zur zweiten Wasserstelle und einem Hinweis auf den Beginn der Via ferrata Berti, Markierung 504, die über den Westgrat recht verwickelt den Schiaragipfel erreicht. Die Aussicht reicht dort oben von Venedig zum Großglockner, vom Ortler bis zu den Julischen Alpen.

Der Zacchisteig führt nunmehr fast eben um ein Felseck herum in wenigen Minuten zur Biwakschachtel Ugo Dalla Bernardina. Frappierend steilt sich in nächster Nähe die beängstigend schlanke Felsnadel Gusela del Vescovà aus dem siebenhundert Meter hohen Abgrund der Südwand auf. Kletterer ersteigen die nur vierzig Meter hohe „Bischofsnadel“ auf soliden Routen des IV. und VI. Grades.

Der Abstieg erfolgt am besten über die Via ferrata Sperti, Nr. 504, die etwas westlich, auf der Forcella della Gusela, beginnt und sehr reizvoll durch die Mitte der Pala-Kette (Schartenweg), vorbei an der Biwakschachtel Gianangelo Sperti, zum Rifugio 7° Alpini zurückführt. Der Steig, gut gesichert und bezeichnet, ist weit weniger anspruchsvoll als die Zacchiroute.

Noch instruktiver und landschaftlich besonders empfehlenswert ist Weg Nr. 503, der ebenfalls auf der Guselascharte beginnt, dann aber rechts nordwärts über Schutthalden und gesicherte Steilstufen ins große El-Vajo-Kar bringt. Durch eine immer üppiger werdende Vegetation (Achtung auf die roten Markierungen!) erreicht man den Pian dei Gat, eine schöne Alm. Hier hat die CAI-Sektion Belluno 1974 das neue, bequeme Schutzhaus Furio Bianchet gebaut. Durch das Val Vescovà westlich hinab ins Cordèvoletal, wo man 1/4 Stunde nördlich von La Stanga (Bus), 454 m, die Staatsstraße Belluno — Agordo betritt.

39 Rocchetta, 1521 m, Via dell'Amicizia

Auf Eisenleitern über Riva

TOURISTISCHE ANGABEN

Ausgangs- und Stützpunkte:
Riva del Garda, 78 m, am Nordufer des Sees; Rifugio S. Barbara, 560 m, in den Osthängen des Rocchettamassivs gelegen. Während der Sommermonate einfach bewartet. Keine Nächtigungsmöglichkeit.

Höhenunterschiede und Gehzeiten:
Riva – Cima SAT ↗ etwa 1200 m, 3½–4 Std.; Cima SAT – Rocchettagipfel ↗ etwa 250 m, 1–1½ Std.; Rocchettagipfel – Riva 2–2½ Std.

Schwierigkeiten:
Die Eisenleitern sind durchwegs sehr luftig und mitunter vollkommen senkrecht angelegt. Absolute Schwindelfreiheit und Trittsicherheit erforderlich.

Es scheint, als habe der Club Alpino Italiano in den letzten Jahren den Schwerpunkt seiner Arbeit auf den Klettersteigebau verlegt; denn nirgendwo anders in den Alpen werden so viele neue Eisenwege errichtet, wie gerade in den vom CAI betreuten Berggebieten. Auch der Alpenverein Südtirol möchte mitziehen: jüngste Anlagen sind der nicht sehr interessante Leiferer Höhenweg bei Leifers nahe Bozen und die reizvolle Klettersteiganlage auf den Fennberg über der Salurner Klause. Doch wirken diese künstlich angelegten Wege etwas verkrampft, wie Verlegenheitslösungen. So auch der Steig auf den Monte Albano bei Mori, der zwar mit zu den schwierigsten seiner Art zählt, jedoch nur über eine unbedeutende Felsstufe von etwa 250 Meter Höhe leitet und an Wochenenden überaus stark frequentiert wird.

Anders die „Via dell'Amicizia", der „Weg der Freundschaft" zu deutsch, welcher auf die sich unmittelbar bei Riva am Nordufer des Gardasees erhebende Rocchetta leitet. Die kühne Leiternserie führt auf den Rocchetta-Vorgipfel, die „Cima SAT". Der Weiterweg zum Hauptgipfel ist unschwierig, jedoch ergibt sich eine Gesamtaufstiegsleistung von 1500 Höhenmetern.

Der Weg der Freundschaft kann meist auch während der Wintermonate begangen werden. Die günstigste Jahreszeit dürfte allerdings von Ostern bis Anfang Juni sein. Später, im Sommer, dürften die hohen Lufttemperaturen das Klettersteigvergnügen doch erheblich beeinträchtigen. – Eine landschaftliche Einmaligkeit ist der immer wieder faszinierende Blick auf den tiefblauen Gardasee. Die Segel, darüber die Berge des Monte-Baldo-Kammes – das sind Kontraste, die dieses Bergerlebnis zu einem besonderen stempeln.

Der Steig selbst ist überaus luftig; besonders das erste der Leiternsysteme beeindruckt mit fast unerträglicher Exponiertheit. Zwischen den Leitern befinden sich immer wieder flachere Zonen, nur mit Drahtseilen gesichert, wo man Zeit findet, den Blick in die Runde schweifen zu lassen, wo man Muße hat, zu fotografieren, ehe wieder eine steilere Passage erhöhte Konzentration verlangt.

Der Weg der Freundschaft war für uns zunächst – und ich schäme mich heute, wenn ich es eingestehe – ein Verlegenheitsziel, eine Ausweichtour; eigentlich hätten es Skifahrten in der Venedigergruppe sein sollen, an diesem Ostern. Schlechtwetter hatte alle Pläne zunichte gemacht. Da kam mir die Idee mit Riva. Die Freunde trauten ihren Ohren nicht, als ich ihnen diesen Ausflug vorschlug. Regen begleitete uns bis zum Gardaseeufer. Dann aber – ich glaubte zu träumen – war plötzlich ein wolkenloser Morgen angebrochen. Im Nu sprangen wir aus den Federn; nur einen Dreivierteltag lang sollte es schön bleiben, aber das hatte ausgereicht.

Ich weiß noch, welch ungemein starken Eindruck die erste der Leitern auf uns gemacht hatte. Weiter oben dann die Sechzig-Meter-Leiter, mit der kleinen Kanzel an ihrem Beginn, wo wir fasziniert ins Tal der Sarca hinunterschauten; im Norden — tief verschneit — die Brenta-Berge, wir aber im sonnenwarmen Felsgelände, in Hemdsärmeln. Lange danach mußte ich beim Gedanken an den Aufstieg über diese längste Leiter noch lachen; Wolfgang, der schon in den Passagen vorher über mein „ewiges Fotografieren" gemurrt hatte, lief wie ein „geölter Blitz" die Sprossen hinauf; er hatte Angst, erneut Modell stehen zu müssen, bis meine Aufnahme „saß"!

Nur knapp über 1300 Meter ist die Cima SAT hoch; trotzdem — auf ihrer Westseite, unter dem Gipfelzacken, lagen Schnee und Eis. Vorsichtig mußten wir uns in die das Hauptmassiv trennende Scharte hinuntertasten. Beim Schlußanstieg selber hieß es sogar spuren! Knietief lag an ungünstigen Stellen der Pulverschnee, erst im Gipfelbereich hatte der Wind die grasigen Hänge freigeblasen.

Den Abstieg nahmen wir durch einen Schützengraben des Gebirgskrieges 1915/17. Gegen Abend erreichten wir Riva. Stunden später tanzten wir ausgelassen in einer der Discotheken — so recht passend zu den Kontrasten vorher. Während des Nachhauseweges war das nur wenige Stunden andauernde Schönwetter vorbei ...

Bei der Heimfahrt am Ostersonntag standen wir am Brenner zwei Stunden im Schneetreiben; aber das Inferno sollte erst noch kommen; ab Ostermontag trat das Chaos ein, Lawinentote, verschüttete Straßen. Wir waren bereits zu Hause und nocheinmal davongekommen. Geblieben ist die Erinnerung — und das ist viel; der See, die weißen Segel, luftige Leitern, Schnee auf dem Rocchettagipfel, regennasse Gassen in Riva, glückliche Freunde — Via dell'Amicizia, wie bezeichnend!

Das erste, äußerst luftige Leitersystem der Via dell'Amicizia auf die Rocchetta. Nach Erreichen der Eisenplattform in halber Höhe steilt sich die Leiter zur absoluten Senkrechten auf, die der Klettersteiggeher in der Regel schon als leicht überhängend empfindet. Nach diesen Leitern folgen verhältnismäßig flache, nur mit Drahtseilen gesicherte Passagen, ehe die große Sechzig-Meter-Leiter beginnt.

Julische Alpen, Steiner Alpen, Karnischer Hauptkamm

Jenseits der Karawanken, die als langgestreckter Felskamm die Kärntner Seenplatte gegen Süden umrahmen, beginnt in der Nähe der Dreiländerecke die Save ihren Lauf. Das 25 Kilometer lange Savetal von der italienischen Grenze bis Mojstrana erschließt für den Bergsteiger aus dem Norden eines der schönsten Gebiete der Ostalpen. Westlich des Weißenfelser Sattels erstreckt sich — bereits auf italienischem Gebiet — das Valromana weiter westwärts bis Tarvis, wo ein Flußtal südwärts über das Val Rio di Lago bis zum Nevea-Paß emporzieht.

Südlich dieser Täler ragen in der Gruppe der Julischen Alpen die Südlichen Kalkalpen als südöstlicher Abschluß des langen Alpenbogens noch einmal zu hochalpinen Felsenkämmen empor. Hier, in der Abgeschiedenheit eines noch immer weltfernen Grenzgebietes, finden wir in Volkstum, Sitte und Baukultur vielerorts noch jene Ursprünglichkeit, die wir anderswo bereits vergeblich suchen. Bei den Slowenen ist der Fremde noch wirklich Gast, und die Herzlichkeit mancher alten Hüttenwirtin ist für unsere Begriffe geradezu mütterlich.

Die größte Überraschung dieser wildromantischen Felsregion aber ist das gute Dutzend Klettersteige, die durchwegs das Prädikat „rassig“ bis „kühn“ verdienen. Vom Nevea-Paß erreicht man die auf italienischem Gebiet liegenden Gipfel des Kanin, Montasch und Wischberg auf abenteuerlichen ehemaligen Kriegspfaden.

Die romantischen Weißenfelser Seen sind der Ausgangspunkt für die vier Nordwand-Klettersteige im Grenzverlauf des Mangartgrates, die sich an Kühnheit teilweise kaum noch überbieten lassen.

Vom Vršič-Paß erreicht man den Nordwandsteig auf die Kleine Mojstrovka, hier beginnt auch der lange, sehr abenteuerliche Höhenweg durch die beiden berühmten „Fenster“ zum Razor — landschaftlich ein unvergleichliches Erlebnis.

Das Vratatal schließlich ist die romantische Auffahrt zum Aljaž-Haus und zum König der Julischen Alpen, dem vielbegangenen Triglav mit seinen drei verschiedenen Nordanstiegen.

So können von nur vier ideal gelegenen Ausgangspunkten praktisch alle Klettersteiganlagen der Julischen Alpen in zehn bis zwölf Tagestouren bewältigt werden.

Das wildromantische Klettersteigparadies der „Julischen“ reicht also gut und gern für einen zweiwöchigen Bergurlaub, wer sich für dieses etwas entlegene Felsrevier entscheidet, darf mit großen Überraschungen im Fels rechnen. Zu einprägsamen

Landschaftsbildern gesellen sich wohl auch tiefe menschliche Eindrücke und bleibende Erinnerungen an eine alte, vergessene Kulturlandschaft abseits der großen Straßen.

Bevor die Ketten der Südlichen Kalkalpen in den Hügeln der Pannonischen Tiefebene ausklingen, bauen sie sich in den Steiner Alpen ein letztes Mal zu hochalpinen Felsbastionen auf. Dieses Bergmassiv erstreckt sich südlich der Karawanken bis hinab nach Laibach und bildet die Bergkulisse der slowenischen Hauptstadt. Hauptzufahrt von Norden ist der Seebergsattel, Talort das verträumte Jezersko, Stützpunkt die Tschechische Hütte, für den Nordländer ein Hort ungewohnter Gastlichkeit.

Zwei rassige aber gut gesicherte Steige führen auf den Hauptkamm, wo ein zum Teil luftiger, vorzüglich angelegter Höhenweg drei Gipfel verbindet. Die Sicht von den Gipfelpyramiden reicht von den adriatischen Küstenbergen über die benachbarten Julischen Alpen und Karawanken bis zu den Hohen Tauern.

Ein Abstecher in diese kleine und entlegene, aber überraschend gepflegte Klettersteig-Oase verbindet das Erlebnis unbekannter Gipfel mit dem Reiz einer schon fremden Welt.

Der Karnische Hauptkamm gehört zu den am wenigsten bekannten Berggruppen der Südlichen Kalkalpen. Auf den Hochweißstein leitet ein reizvoller Eisenweg, der allein auf Grund seiner Einsamkeit einen Abstecher in dieses Gebirge südlich der Gail lohnt: Die Via ferrata Sartor!

40 Montasch, 2751 m, Findeneggsteig

Ein Riese der Westlichen Julischen Alpen

TOURISTISCHE ANGABEN

Ausgangs-und Stützpunkte:
Nevea-Paß, 1142 m, mit Hotellerie, 18 km von Chiusaforte im Canale di Raccolana, 20 km von Tarvis; Pecol-Alm, 1519 m, Asphaltstraße vom Nevea-Paß; reichlich Parkgelegenheit, 15 Min. Fußweg zum bewirtschafteten Rifugio (auch Übernachtung).

Höhenunterschiede und Gehzeiten:
Pecol-Alm – Montasch ↗ 1232 m, 3 1/2 Std.; Abstieg über Normalweg 2 Std.

Schwierigkeiten:
Findeneggsteig unversicherte, jedoch (bei gutem Wetter ausreichend) bez. Kletterführe. Findeneggschlucht II, jedoch nicht exponiert, Orientierungsvermögen erforderlich, bei Nebel unter allen Umständen abzuraten. Normalweg gut bez. und teilweise gesichert, technisch eher anspruchslos, jedoch eine sehr luftige, frei hängende Seilleiter (60 m).

Einstieg in die sechzig Meter hohe Seilleiter des Montasch-Normalanstieges, der nach Begehung des Findenegg-steiges in der Regel zum Absteigen benützt wird.

„Ist der Triglav der höchste und sagenreichste Berg in den Julischen Alpen, der Suhi Plaz der wildeste, der Jalouc der kühnste, der Manhart der malerischste, der Razor der vornehmste, der Wischberg der strahlendste, der Kanin der farbigste und fremdartigste, so ist der Montasch der größte und gewaltigste. Von wo man ihn auch anschauen mag, man wird keine Stelle finden, die es mit irgend einer Gruppierung vermöchte, ihn ins Mittelmäßige oder Unscheinbare zurückzudrängen oder in Gestalt und kraftvoller Wirkung herabzudrücken, wie dies bei anderen Bergen oft der Fall ist. Er liebt es und vermag es, die Berge seiner Umgebung zur Seite zu schieben und sich vom Fuß der Täler bis zu seinem Scheitel in imponierenden relativen Höhen von 1700 bis 2200 Metern zu zeigen. Sein riesiger Grat schwebt immer in sieghafter Höhe. Und wo er erscheint, da blickt man in keine Karte: er ist es, kein Zweifel ist möglich, es ist der Montasch!"

So Dr. Julius Kugy, der große Erschließer der Julischen Alpen, über den zweithöchsten Gipfel dieses zauberhaften Gebirges. Kein Wunder, daß ich, nachdem ich Kugys Buch „Aus dem Leben eines Bergsteigers" gelesen, ja, geradezu mit Feuereifer „verschlungen" hatte, darauf brannte, selber einmal auf dem Montasch zu stehen!

Ein Blumenmeer auf einer riesigen Bergwiese, das war einer der ersten Eindrücke am Montasch und auch einer der bleibenden; auch die folgenden, absolut großartigen Erlebnisse vermochten diese Erinnerungen nicht mehr zu überlagern. Erst in den Karen, am Fuße der Südwände verlor sich die überschwengliche Blumenpracht in den üblichen kargen Moosen und Flechten, und hier, an einer schlecht bezeichneten Wegabzweigung, stand ich auch schon vor der Entscheidung des Tages: Weiter auf dem deutlichen, vielbegangenen Normalweg oder links ab, hinüber zum einsamen Findeneggsteig? Das strahlende Wetter gab den Ausschlag: Ich trennte mich von der guten Markierung und eine einsame Pfadspur nahm mich auf. Sie führte über Bänder oberhalb der Rio-Montasio-Schlucht um den markanten Felssporn herum in die abweisende Nordwestseite – ich fühlte deutlich: Bis zum Gipfel treffe ich hier keine Menschenseele. Bänder und wieder Bänder, ab und zu ein verrottetes Seil, sehr blasse Markierungen, unter mir die breite Talschlucht, rechts oberhalb Fels und nichts als Fels. Obgleich schönes Wetter herrschte, war ich eigenartig bedrückt. Es mag wohl daran gelegen haben, daß ich mir immer ausmalte – wie ist es hier bei Nebel? Endlich sah ich etwas deutlichere rote Farbtupfer, die hinauf in eine riesige Schlucht führten.

Pfadspuren gab es hier, im festen, blockigen Fels keine, die roten Tupfer aber halfen ausreichend für die Orientierung. Anregende, leichte Kletterei im griffigen Fels, dann war plötzlich der ersehnte Grat da.

Die scharfen Konturen erwiesen sich als rundliche Geröllrücken und bald löste sich auch das Rätsel der nahen Glockentöne: Das Gedächtnis-Glöckchen am gut besetzten Gipfelklotz erfreute sich lebhaften Zuspruchs.

Da ich vom Nordostgrat her zum Gipfel emporkeuchte, war ich zunächst Gegenstand allgemeiner Neugierde, aber nur allzuschnell konzentrierte sich das allgemeine Interesse auf die drohende Wetterverschlechterung. In der gähnenden Tiefe der Ostwand brauten sich Wolken zusammen, noch ragten einige Felstürme wie sonnige Inseln aus dem grauen Nebelmeer auf. Ein nicht allzufernes Donnergrollen und die allgemeine Gipfelflucht setzte ein. Der Normalweg führt lange über den nur zögernd absinkenden Grat, der herrliche Steig über die Felszinnen mahnte nur einmal an das sinnlose Grauen des ersten Weltkrieges; ein verfallener Gefechtsstand, daneben noch ein grotesk wirkender Kohlenhaufen! Die neue Überraschung dieses Abstieges war eine 60 Meter hohe Seilleiter, die wie das Tragseil einer Schwebebahn an mehreren Felsbrocken zwischenverankert, schwankend und schwingend, aber bombenfest in die Tiefe leitete. Die Tücke des Objekts trat zutage, als wir in Scharen über das steile Schotterfeld zur Leiter heruntertrampelten — ein Hagel von Steinen deckte das großartige Werk alpiner Klettersteig-Technik ein, nach freiem Fall klatschten die Steinbrocken auf Seil und Sprossen. Nicht auszudenken, wenn da eine Gruppe mitten auf der Leiter gewesen wäre. Als sich der Steinschlag beruhigt hatte, hingen mindestens 20 Mann gleichzeitig in den Sprossen und ein erster dröhnender Donnerschlag sorgte für noch größere Eile — aber auch für noch größere Unvorsichtigkeit und Gefahr! Noch einmal Serpentinen, Schotterpfade, eine beachtliche Abfahrt über eine lange Reise — der Blumenteppich mit haselnußgroßen Hagelkörnern war der letzte, unvergeßliche Eindruck eines aufregend schönen Tages!

41 Kanin, 2585 m, Via Divisione Julia

TOURISTISCHE ANGABEN

Ausgangs- und Stützpunkte: Nevea-Paß, 1142 m, mit Hotellerie, 18 km von Chiusaforte, 20 km von Tarvis; Rifugio Gilberti, 1850 m, ganzjährig bew., 24 B, 10 M.

Höhenunterschiede und Gehzeiten: Nevea-Paß – Rifugio Gilberti ↗ 708 m, 1 3/4 Std.; Rif. Gilberti – Kanin ↗ 735 m, 2–2 1/2 Std.

Schwierigkeiten: Klettersteig mäßig bis reichlich ausgesetzt, im oberen Teil ohne Sicherungen, technisch etwas anspruchsvollere Stellen (II). Rutschgefahr und Steinschlaggefahr in der feuchten, schattigen Gipfelrinne. Bei Nebel ab Firnfeld dringend abzuraten!

Anspruchsvolles Klettersteigvergnügen

„Was vergoldet die Erinnerung an diese im Grunde so wüsten und einförmigen, in Ernst und Schweigen gehüllten Berge? Daß sie mir unvergänglich herüberglänzt und noch jetzt in späten Jahren das Herz sehnsuchtsvoll und wanderfreudig schwellen läßt? Es ist die Schau, die entzückend schöne Schau nach Süden. Eine Schau in die Sonne, Glanz und Licht! Die Kaninberge haben eines vor allen andern Juliern voraus, den freien Blick dem Meere zu. Zu den weißen Felsgestaden Istriens, zum Mündungsdelta des Isonzo, zu den im Sonnenschein flimmernden Lagunen von Grado und, so ein ganz kristallklarer Glückstag und vielleicht ein klein wenig Phantasie mithelfen wollen, zu einer märchenhaften Stelle weit drüben am schimmernden Horizont, wo man die Königin der Meere meint erschauen zu können; wie ich einstens von den Spitzen des Monte Rosa den Dom von Mailand aus dem Häusermeer der lombardischen Hauptstadt habe aufleuchten sehen. Und das Meer sendet seine reichen Farben herüber und legt sie über die schweren, harten, dürren Hänge, als wollte es ihnen aus dem unendlichen Reichtum seines Lebens und seiner ewigen Schönheit Ersatz bieten für alles, was die erdbildende Natur ihnen versagt hat . . ."

Nun, das große Schau-Erlebnis, wie es Kugy mit leuchtenden Farben dargestellt hat, blieb uns versagt, schade! So ist mir heute der Kanin vor allem als äußerst anspruchsvoller Klettersteigberg in Erinnerung.

Via Divisione Julia – das klingt etwas nach Pulver und Granaten, aber wer meint, auf diesem Wege über Bunker, Schützengräben und rostige Stacheldrahtverhaue zu stolpern, wird angenehm überrascht sein. Die letzte Hinterlassenschaft des ersten Weltkrieges, der alte Kriegssaumpfad, wirkt – groteskerweise – so friedlich, besinnlich und beglückend, daß der tragische Hintergrund, das Grauen dieses Gebirgskrieges, wirklich erst durch Nachlesen oder durch Erzählungen bewußt wird. Vom Nevea-Paß bis zur Gilbertihütte sind die Spuren dieses Weges durch hemmungslosen Pistenbau fast völlig verwischt. Der vom Bela-Peč-Sattel in Richtung Forandel Mus führende Wegabschnitt aber ist gut erhalten, er leitet, leicht absteigend, durch eine ausgedehnte Karrenzone, eine verkarstete Hochfläche mit ausgefransten Furchen und Rissen, engen Schächten und Schluchten – ein Meer von ausgemergeltem Fels, eine wasserlose, tote Landschaft.

Wortlos, in tiefes Schauen versunken, wanderten wir auf dem bequemen Felskorso durch die apokalyptische Szenerie – meine Gedanken waren bei den Soldaten und bei den Mulis, auf deren geschundenen Rücken hier vor mehr als einem halben Jahrhundert tonnenweise Kriegsgerät geschleppt wurde. Obwohl zu zweit, übersahen wir beinahe die deutlich markierte Abzweigung nach links, ins Kar hinauf, und mein Freund sprach aus, was ich gerade heimlich dachte: „Schade, daß wir schon da sind."

Mit dem Vorsatz, diesen Weg „irgend einmal“ zu Ende zu wandern, bogen wir wehmütig ab und stapften etwas lustlos die ermüdenden Kehren ins Kar hinauf, erreichten auch diesmal schneller als gedacht die flache Stirnmoräne, hinter der der Gletscher beginnt. Die gesamte Westflanke der Kaninkette lag vor uns — dazwischen das Eis. Unsere Blicke folgten den zahlreichen Spuren im Schnee, tasteten den Felsfuß ab — da! In fast einem Kilometer Luftlinie erkannte mein Begleiter den roten Klecks in der Wand: „Das muß ja ein Batzen wie ein Handtuch sein!“ Verflogen war die Unlust, vergessen der Saumpfad, wir marschierten über Eis und Schnee in Richtung auf das „Handtuch“, 20 Minuten später standen wir keuchend an der Randkluft.

An sparsam gesetzten Eisenstiften über den fast senkrechten Felsansatz — „wie die Randkluft von der Ackerlspitz“ resümierte mein Spezl. Eine flachere, felsdurchsetzte Schotterterrasse, dann wieder Seile und Stifte, es ging geradewegs auf einen völlig senkrechten Felssporn zu. Hinter einem Vorsprung trafen wir auf den Leckerbissen dieser Felspassage: 15 Meter Eisenbügel in der glatten Flanke, dann 40 Meter an festem Seil etwas luftig über den flacheren Grat des Felssporns. Bald wich die Führe vor der senkrechten Wand nach rechts, in die steile, lehmige Gipfelrinne aus; jeder Schritt im lockeren Schutt ließ Steine nach unten prasseln. Eine glitschige Felsbarriere blockierte die Rinne, eine heiklere Zone mit mager ausgehauenen, lehmverschmierten Tritten umging das Hindernis — kein einziger Eisenhaken weit und breit. Zurück in die Rinne, wir witterten schon den frischen Wind am Grat, da hing das letzte, hilfreiche Seilstück lose über den ausgebauchten, völlig glatten Gratblock herab — mindestens zwei Meter hoch! Ein letztes, etwas heikles Umgehungsmanöver und wir standen lehmverschmiert, aber wohlbehalten und glücklich am Grat, wischten uns den „Baaz“ respektlos am jugoslawischen Grenzstein von den Schuhen. Ein genußreicher, kurzer Aufstieg über das Blockwerk des breiten Gratrückens und wir standen wenige Minuten später auf dem Gipfel.

Die Via Divisione Julia ist an manchen Stellen ausgesprochen reichlich gesichert. Trotzdem scheint diesem Bergsteiger die Luftigkeit des Steiges nicht ganz zu behagen. Offenbar hilft ihm nur ein strammer Zug von oben über die ausgesetzte Wandstufe.

Sentiero atrezzato di Anita Goitan 42

Überraschung am Wischberg, 2666 m

Durch die Bärenlahnscharte vom Montaschmassiv getrennt, erhebt sich die Gruppe des Wischbergs. Ihr dolomitenartiger Anblick, besonders jener des Gamsmutterzuges, läßt keinen, der ihn jemals geschaut, wieder los. Hier stehen Kletterberge, von denen jeder Felsgeher träumt, die jeder Bergsteiger, der festen, griffigen Kalk schätzt, auf seinem alpinen Wunschzettel stehen hat. Wilde Gamsmutter, Gamsmutterturm, Hohe Gamsmutter und nicht zuletzt der Wischberg selbst heißen die bevorzugten Ziele. Bis zu 700 Meter Höhe ragen die Wände und Kanten auf. Was nicht bedeutet, daß nicht auch der Normalbergsteiger hier auf seine Rechnung käme – im Gegenteil; besonders der Sentiero atrezzato di Anita Goitan, der sich uns als eine echte Überraschung bot, beschert dem Klettersteigfreund ein nicht alltägliches Vergnügen.

Kanin und Montasch hatte ich schon bestiegen, nun lockte noch der „Dritte im Bunde": Der Wischberg, ebenfalls vom Nevea-Sattel aus zu erreichen. Trotz zweifelhafter Wetterlage stieg ich noch am Abend von der Paßhöhe zum Rifugio Corsi auf, ein großartiger Blick auf die Nordwände des Kanins entschädigt für den langen Weg zum Sattel, wo der erste Weltkrieg besonders erschütternde Spuren hinterlassen hat: Gewundene Laufgräben, dunkle Schießscharten, die von ferne wie kleine Felslöcher in den Himmel starren, in der senkrechten Felswand oberhalb der Hütte modrige, in den Fels gesprengte Tunnels.

Am nächsten Morgen war das Wetter regelrecht „zu" – Nebel vom Tal bis zum Gipfel, ab und zu blies ein Windhauch für Minuten eine Sichtschneise frei. Wir probierten es trotzdem, gelangten an sparsamen Markierungen bis zum Felsfuß, fanden einen beeindruckenden „Anfang" mit dickem Drahtseil und kurz darauf durchschritten wir sogar ein interessantes Felstor. Nach wenigen Minuten war der Felssockel erklommen, der Klettersteig, der so hoffnungslos begann, löste sich in der riesenhaften, steilen Schrofen- und Schuttflanke in scheinbar zahlreichen Steigspuren auf; wir mußten befürchten, im dichten Nebel die spärlichen und verblaßten Markierungen zu verlieren. Da wir genügend Zeit hatten und trotz des Nebels völlig sicher gehen wollten, entschlossen wir uns, in regelmäßigen Abständen spitze Steinmanndl aufzubauen. Material dazu lag genug herum und als wir nach einer guten Stunde am Grat angelangt waren, schätzten wir, daß wir zusammen gut und gerne eine halbe Tonne Gestein „verarbeitet" hatten – dafür spazierten wir nach kurzer Verschnaufpause im vollen Genuß einer perfekten Markierung wieder bergab. Am Beginn des Kettersteiges fiel mir diesmal eine deutlich abzweigende Bezeichnung auf: „Anita Goitan" las ich in roter Farbe, ging dem Pfeil nach und gelangte auf ein Felsband in einer sonst absolut senkrechten, glatten Wand. Ein dünnes Seil leitete weiter hinaus ins milchigtrübe Grau, an den Verschraubungen war aber auch nicht der Ansatz eines

TOURISTISCHE ANGABEN

Ausgangs- und Stützpunkte: Nevea-Paß, 1142 m, mit Hotellerie, 18 km von Chiusaforte im Canale di Raccolana, 20 km von Tarvis; Rifugio Guido Corsi, 1874 m, Sommerbew., 57 B, 17 M, WR.

Höhenunterschiede und Gehzeiten: Nevea-Paß – Rifugio Corsi ↗ 732 m, 3 Std.; Chiusaforte – Rif. Corsi ↗ etwa 870 m, 2–2½ Std.; Rif. Corsi – Wischberg ↗ 794 m, 2½ Std. Klettersteig Anita Goitan 2 Std.

Schwierigkeiten: Wischberg auf dem Normalweg technisch problemlos, bei Nebel Orientierung schwierig; Klettersteig Anita Goitan teils exponierte Wegführung, zwei Kamine technisch sehr anspruchsvoll.

Wischberg-Ausblick auf die nächste Umgebung: der gewaltige Nachbar ist der Montasch, zweithöchster Gipfel der Julischen Alpen.

Rostfleckes zu sehen; also nagelneu, eine Entdeckung. Was lag näher, als der Sache nachzugehen? Bald folgten wir gespannt den Bändern, die Nebelwand schloß sich hinter uns, es wurde ein Gang ins Ungewisse. Wie tief die Wand unter uns abfiel, ahnten wir nur, wenn ab und zu ein Nebelloch für Sekunden die Sicht zum Talboden freigab. Noch vierzig Minuten ging es von Band zu Band, um Felsvorsprünge herum und in tiefe Schluchten hinein, dann standen wir in einer Scharte, den Blick suchend nach unten gerichtet — der Abstieg würde doch wohl bezeichnet sein? Anstatt einer Abstiegsmarkierung fanden wir jenseits der Scharte in einem dunklen Kamin ein Seil — nach dem bisher fast eben verlaufenden Bändersystem eine ausgesprochene Überraschung. Der Kamin, fast senkrecht und an die zehn Meter hoch, ohne jegliche Stifte oder Bügel wurde für mich zur echten Kraftprobe. Kaum oben angelangt — noch einmal ein Kamin, fast genau so hoch, doch etwas flacher. Mit viel Respekt stiegen wir weiter. Wenn auch Kamine dieser Schwierigkeit ausblieben, so besaß der zweite Wegabschnitt doch eine wesentlich sportlichere Note, wir fanden kaum Muße, Vermutungen über die Tiefe des vernebelten Talbodens anzustellen. Nach gut zwei Stunden erreichten wir eine Scharte, Forcella di Riofreddo — eine Madonnenfigur in einer vergitterten Felsnische, Gedenktafeln, nach Norden eine gähnende, mit Stiften gespickte Felsschlucht, nach Süden ein hervorragend markierter Abstieg zur Hütte.

Mit gemischten Gefühlen nahmen wir von der „Anita Goitan“ Abschied: Erleichterung auf der einen, noch mehr Wehmut auf der anderen Seite; wir waren uns darin einig, hier einen Klettersteig gefunden zu haben, der der ursprünglichen Klettersteig-Idee, den historischen Brenta-Steigen, am nächsten kommt: Ein Wegverlauf über natürliche und naturbelassene Bänder, Kamine und Scharten, ohne eigentlichen Gipfelanstieg; anstelle einer ehemals beim Bau der Eisenwege zugrunde gelegten Überlegung — entschärfter Zugang zu klassischen Kletterführen — der Selbstzweck einer neueren Richtung im Alpinismus: Weg um des Wegerlebnisses willen!

Auf dem Wischberganstieg vom Rifugio Corsi aus, in Nähe des natürlichen Tunnels nicht weit über dem Einstieg.

43 Die Via Italiana

Luftig bis senkrecht am Mangart, 2678 m

TOURISTISCHE ANGABEN

Ausgangs- und Stützpunkte:
Fusine (Weißenfels), 787 m; Bivacco Nogara, 1850 m; auf jugoslawischer Seite Koca na Mangartu, 2092 m, Sommer bew., 12 B, 8 M (wird vergrößert).

Höhenunterschiede und Gehzeiten:
Lago di Fusine – Bivacco Nogara ↗ 914 m, 3 Std.; Bivacco Nogara – Mangart ↗ 828 m, 2½ Std.

Schwierigkeiten:
a) Via Italiana außerordentlich luftig, einige Stellen schwierig (Kraftaufwand), nur für absolut Schwindelfreie! In jedem Fall mit Klettergürtel (Selbstsicherung). Hervorragende, neue Sicherungen.
b) jugoslawischer Klettersteig zum Gipfel mäßig ausgesetzt, ausreichend gesichert.
c) Abstieg vom Gipfel über den ital. Normalweg einfach.
d) Abstieg über den Lahngraben fordert bei schlechter Sicht gutes Orientierungsvermögen.

Wischberg-Ausblick nach Osten auf (von links) Mangart, Mojstrovka, Škrlatica, Prisojnik, Jalovec und Razor. Die waagrechte Mauerkrone zwischen Mojstrovka und Jalovec ist der obere Teil der Šite-Wände, die nach Norden mit bis zu 700 m hohen Felsfluchten abbrechen.

Unter den großen Bergen der Julischen Alpen führt der Mangart ein Schattendasein. Selbst Kugy, der diesen Gipfel „Manhart“ bezeichnet hatte, berichtet nicht viel über ihn, obwohl er an die dreißig Mal auf seine Höhen gestiegen war. Vielleicht rührt sein vergleichsweise geringes Interesse von einer Niederlage am Mangart-Ostgrat her. Für dieses Kletterproblem hatte Kugy brennendes Verlangen gezeigt, jedoch war ihm nach etwas glücklosen Versuchen der Wiener Dr. Pfannl zuvorgekommen. Kugy mußte sich mit der zweiten Begehung bescheiden und hat sich daraufhin mit noch ungelösten Problemen am Mangart nie wieder auseinandergesetzt.

Der Mangart ist ein Grenzberg, er wird von der jugoslawisch-italienischen Grenze in zwei Hälften geschieden. Er gehört auch zu den höchsten Gipfeln der Julischen Alpen überhaupt – aber wie würde er aussehen? Bilder von ihm hatte ich nie zu Gesicht bekommen. Vielleicht war es gerade dieses Unbekannte, scheinbar Bedeutungslose, das den Wunsch in mir weckte, den Berg zu besteigen. Die Überraschung war perfekt, als ich auf einen Eisenweg traf, der weit über allen Erwartungen lag.

Via Italiana – schon im Namen klingt der Stolz der italienischen Klettersteigbau-Akrobaten an. Hier, unmittelbar an den jugoslawischen Grenzsteinen, zeigen sie den Nachbarn noch einmal, was ein italienischer Klettersteig ist! Auch wer die Wege der Dolomiten und der Brenta kennt, wird zugeben müssen: Dieser Eisenweg durch die fast senkrechte, wenig gegliederte Nordostwand ist wirklich ein Denkmal der Klettersteig-Baukunst!

Ausgangspunkt ist, wie bei den Wegen auf den Strug und die Veunca, der stimmungsvolle Lago di Fusine. Hat man an den Vortagen diese beiden Klettersteige versucht, vielleicht am Veunca-Steig umkehren müssen und hat man gar noch am frühen Morgen bei der Suche nach dem schwer auffindbaren Beginn des Waldweges Zeit und Nerven geopfert, so mag man dem Kommenden wohl mit einiger Skepsis entgegensehen. Auch der steile Aufstieg durch Wald und über grasige Schrofen verheißt nichts Besonderes und das kleine Bivacco Nogara ähnelt eher einem Geräteschuppen.

Jäh strebt die senkrechte Wandstufe aus Geröll und Gras empor; Klettergürtel angelegt und wir steigen zunächst zaghaft am Drahtseil bis zur düsteren Höhle hinauf. Wo geht's weiter? Um Himmelswillen doch nicht außen, um den gräßlichen Pfeiler herum? Aber nein, ein kleiner Spalt im Fels verriet, hier wird's wohl hindurchgehen – erleichtert greifen wir nach dem nächsten Seil, gewaltiger Kraftakt am folgenden, senkrechten Kamin, schleichende Zweifel: Wenn da noch viele solcher Stellen kommen ... Aber von hier ging's „glatt“ weiter, in des Wortes zweifachem Sinn. Teils senkrechter, oft glatter Fels, schmale, natürliche Bänder – aber eine Sicherung, von

der man andernorts vielfach nur träumt. Durchgehende, griffige Drahtseile, teilweise erneuert, frischer Zement an den Befestigungshaken, herrliche feste Trittstifte. Das Tempo wurde gleichmäßig, zügig.

Kurz vor dem Ausstieg noch einige besonders delikate Passagen: An meterlangen, waagrechten Bügeln quert man um eine senkrechte Felsrippe herum. Vorher, an einem langen Felsband, ist man ganz schön verduzt, wenn von oben, vom vermeintlich messerscharfen Grat, ganze Familien herunterschauen und Teleobjektive der Fotoapparate in Aktion treten. Wenige Minuten später steht man, dem Fels entronnen, selbst auf der flachen, grasigen Südwestseite, auf jugoslawischem Boden und erwidert das freundliche „Dobar dan" der einheimischen Normalweggeher.

Der zweite, „jugoslawische", Klettersteig auf den eigentlichen Gipfelstock ist ein Kontrasterlebnis: Eine Felsschlucht zwischen steil aufragenden Wänden, zum Teil künstlich ausgesprengte Bänder, eine vergleichsweise nur sehr mäßig ausgesetzte, beruhigende Wegführung in völlig andersartigem Gelände; durchaus eine lohnende, selbständige Bergtour, nach der „Via Italiana" natürlich fast ein Kinderspiel.

Im Abstieg zwei weitere Wege von landschaftlicher Gegensätzlichkeit: Der vielbegangene italienische Normalweg auf den Gipfel, ein sehr gemütlicher Pfad, bietet auf dem Rückweg endlich die wohlverdiente Muße, um das Panorama der südlichen Gipfelketten ausgiebig zu genießen. Wählt man aber für den Abstieg zum Fusinesee den Weg durch den wildromantischen, einsamen Lahngraben, so erlebt man erschüttert die Vergänglichkeit eines mühevoll angelegten Bergweges in den unerbittlichen Fängen der zerstörerischen Elemente ...

Am See ein sehr langer, wehmütiger Blick zurück, Erinnerungen an eine Vielfalt von Eindrücken: Der Schlupf durch die erste Höhle, die gähnenden Tiefblicke, die Begegnungen am Gipfel, der in urweltliches Chaos zurückversinkende Major-Steig im totenstillen Lahngraben — welches Bild wird sich bleibend im Gedächtnis verwurzeln?

Auf der Via Italiana. Ungeheure Ausgesetztheit vermittelt den prickelnden Reiz dieses idealen Eisenweges.

44 Der Strug, 2265 m

Niemandsland zwischen Italien und Jugoslawien

TOURISTISCHE ANGABEN

Ausgangs- und Stützpunkte:
Fusine (Weißenfels), 787 m, 7 km von Tarvis; Rifugio Zacchi, 1380 m, Sommerbewirtschaftung, 21 B, gegenwärtig Restaurierungsarbeiten.

Höhenunterschiede und Gehzeiten:
Lago superiore di Fusine – Rifugio Zacchi ↗ 444 m, 1½ Std.; Rifugio Zacchi – Strug 885 m, 3½ Std.

Schwierigkeiten:
Stark vernachlässigte Sicherungen fordern ein erhöhtes Maß an Trittsicherheit und Schwindelfreiheit, etwas Orientierungsvermögen notwendig. Bei Schlechtwetter abzuraten.

Blick vom Lahnsattel auf die Weißenfelser Seen, beliebte Ausflugsziele im Nordnordosten des Strug.

Die Weißenfelser Seen werden im Süden von einer sichelförmigen Bergkette umrahmt, die mit abweisenden, teilweise senkrechten Wänden weit über 1000 Meter hoch aus den Almböden, Latschen und Karen aufragt, Wände von oft erschreckender Wildheit, kalt und finster, in einigen Partien kaum jemals von der Sonne berührt; die Lawinenkegel am Fuße der Felsrinnen überdauern das ganze Jahr und schmelzen im Hochsommer zu steinharten, phantastisch geformten Hartschneegebilden zusammen.

Die Felsensichel gipfelt im Mangart, die markanten weiteren Zinnen sind Veunza, Strug, Große und Kleine Ponza. Kugy versuchte zeitlebens vergeblich, die Veunza von der Nordseite zu ersteigen; später wurden mehrere extreme Kletterrouten in der Nord- und Westflanke erschlossen. Eine davon, die „Via della Morte“, wurde 1940 von den Alpini gesichert und heißt seither „Via della Vita“. Ich habe 1975 die Tour alleine versucht und bin schon im unteren Drittel umgekehrt – die Sicherungen sind großenteils zerstört, die einstmals extreme Führe fällt immer mehr in den „Urzustand“ zurück und verdient wohl auch bald wieder ihren ursprünglichen Namen.

1976 gingen wir zu zweit den Strug an. Im Tal hatte sich nichts verändert – an Wochentagen nach wie vor die Stille verträumter Bergseen, an den Wochenenden der Hexenkessel eines kleinbürgerlichen italienischen Familienausflugsziels. Am verfallenden Rifugio Zacchi waren zwei pensionierte Slowenen mit gemütlichen „Rifugio-in-restauro“-Arbeiten beschäftigt. In den riesigen Karen aber blieb alles beim alten, hier traf man keine Menschenseele, die Markierungen verblassen, die Spuren verwehen, die Sicherungen rosten, Blitz, Frost und Steinschlag walten ungehindert. Als wir uns nach endlosem Stolpern durch das lose Geröll des Kars den Felsansätzen näherten begann, wie im Vorjahr bei der Veunza, die „Suche nach dem roten Punkt“. Ich schaute rechts, mein Freund links in die Wandfluchten. Wir waren schon fast am Verzagen, ich kroch ohne recht zu wissen, was ich wollte, in den Höhlungen eines riesigen Lawinenkegels herum; da ein freudiger Ruf aus der linken Felsflanke: „Ich hab's!“

Ein blaßroter Punkt, ein schlaffes, rostiges, aber dickes Seil – hinein ging's in die steile Flanke! Bänder und wieder Bänder, mäßig ausgesetzt bis abdrängend, jedenfalls ursprünglich genial ausgesucht und liebevoll gesichert, jetzt immer noch ganz gut gangbar, obwohl die noch vorhandenen Seile verschiedenster Dicke in heldenhaftem Kampf gegen den Ablauf ihrer technischen Lebenserwartung stehen. Die vielfältigen natürlichen Bänder und der Überlebenswille einer vormals großartigen, später immerhin noch ausgeflickten Sicherungsanlage machen es immer noch gut möglich, die erste, jäh aus dem Kar aufragende Steilzone der Wand zu begehen. In etwa 2000 Meter Höhe gelangten wir in einen Schuttgürtel, eine gemütlichere Wegführung ließ uns den hier bereits eingetretenen Totalverlust der Sicherungen verschmerzen. In den folgenden Schrofen und Grasbändern fand sich wieder etwas Eisen. Schließlich war der erste Sattel zu sehen, doch es ging rechts vorbei und in großem Bogen gegen den Gipfelaufbau, die Seile wurden wieder etwas reichhaltiger. Endlich, kurz vor dem Gipfel, gelangten wir auf den Grat und kurz darauf leiteten die letzten Drahtseile in der Nordflanke zum Gipfelgrenzstein hinüber.

Aus der jugoslawischen Südflanke das gleiche Schweigen wie aus der verlassenen Nordwand, nur vom Oberen Weißenfelser See warf dann und wann der polierte Lack eines Wagens seinen Glanz zu uns herauf. Die Stille war fast beklemmend. Ein Gipfelbuch gibt es schon lange nicht mehr, die wenigen verstreuten Konservendosen waren schon halb durchgerostet, eine Bierflasche bemoost. Unglaublich, aber wahr: Auf diesen knappen 2300 Metern erlebten wir ein Abenteuergefühl ohnegleichen! Im Abstieg hieß es aufpassen, manche der lose baumelnden Seile sind nur im Aufstieg wirkliche Hilfe; dafür entdeckten wir einige künstlich in den Fels gehauene Trittstufen als Steighilfe — Relikte aus der Zeit der Nagelschuhe, aus der echten Pionierzeit.

Am Weißenfelser See empfing uns wieder der Trubel — die Stille des Strug erschien uns nun in völlig neuem Lichte.

Östlich an den Mangart schließt sich die Ponza-Kette an. Ihre Gipfel zählen zu den Unbekannten der Julischen Alpen. Anstieg 44 beschreibt den gesicherten Steig auf den Strug, der im Mittelgrund rechts der Bildmitte zu erkennen ist. Nördlich des Strugs schließen sich die Ponzagipfel an. Im Hintergrund rechts der Špik, die aus den Wolken ragenden Berge links, mit dem markanten Mittagskofel, gehören bereits zu den Karawanken.

Die Kleine Mojstrovka, 2332 m

45

Ein ideales Halbtagsunternehmen

Strömender Regen — wir saßen auf der Erjavčeva Koča, an größere Unternehmungen war nicht zu denken. Die rührende Gastlichkeit der Hütte tröstete uns über den Vormittag hinweg; nach dem ausgezeichneten Mittagessen aber witterte die mütterliche Wirtin den nahenden Nullpunkt unserer seelischen Verfassung. Sie schien — auch in psychologischer Hüttenführung bewandert — für solche Fälle ein Patentrezept parat zu haben: „Nehmen Sie Schirm, wenn Sie haben, und gehen Sie zur Vratica, dort Sie spazieren auf Sleme, vielleicht wenn hört Regen auf, Sie können probieren Klettersteig Mala Mojstrovka . . .“ Es war der beste Rat, den man in dieser Situation wohl geben konnte.

Der kurze aber mühselige Aufstieg zum „Törl“ reichte, um den aufgestauten Unmut abzulassen; uns dem nassen Schicksal fügend, stapften wir dann durch die Wasserlachen auf den idyllischen Wanderwegen der Sleme — die dazugehörigen Bergpanoramen der Phantasie überlassend. Schließlich löste sich der Regen in müdes Tröpfeln auf, der Wettergott kapitulierte mit wehenden Nebelfahnen. Vor unseren neugierigen Blicken enthüllte sich nach und nach eine reich gegliederte Nordwand, nur ganz oben behielt sie einen undurchdringlichen Nebelschleier. Dankbar nahmen wir die Herausforderung an, stiegen den schrägen Pfad durchs Kar zum Einstieg, wo wir die tropfnassen Seile erkennen konnten. Zwei lange, sehr steile kaminartige Rinnen — ein Band nach rechts — auf einer mäßig steilen, etwas luftigen Rippe wieder hinauf — abermals ein Band nach rechts, sehr lang, zum Teil ungesichert — nun über eine Reihe glatter Platten schräg empor wieder zu einem Band . . .

Merkwürdig, wie bei problematischer Wetterlage das Weggedächtnis automatisch einsetzt! Eine knappe Stunde trotzten wir mit klammen Fingern den kalten, nassen Drahtseilen, dann ging die Wand in flacheres Schrofengelände über. Markierungen leiteten nun teils über undeutliche Pfadspuren, teils über mäßig steiles Blockwerk. Auf der Gipfelkuppe leuchtete ein rötlicher Streifen von frühem Abendrot unter wolkenverhangenem Himmel; der Nebelschleier hatte sich gehoben und zu fest umrissenen Wolkenfetzen gesammelt. Zeit genug für den kurzen, weglosen Übergang zum etwas höheren Zwillingsbruder dieses Gipfelpaares, der Großen Mojstrovka.

Auf dem Abstieg kam uns noch ein gipfelhungriger Einzelgänger entgegen. Er konnte kaum glauben, daß es statt dieses langweiligen Schotterpfades über die rundliche Südseite in der Nordwand einen Klettersteig gibt, dessen Erlebnis das Gipfelglück bei weitem überwiegen läßt. Immerhin endete unser Abstieg — abseits vom Wege — in einer rasanten Abfahrt durch ein steiles, langes Schuttkar, ein würdiges Finale nach einem Tag, der uns morgens noch hoffnungslos erschienen war.

TOURISTISCHE ANGABEN

Ausgangspunkte:
Kranjska Gora, 810 m; Erjavčeva Koča, 1515 m; Tičarjew dom, 1620 m; Koča na Gozdu, 1226 m; alle an der Vršič-Paß-Straße.

Höhenunterschiede und Gehzeiten:
Erjavčeva Koča – Vratica ↗ 292 m; knapp 1 Std.;
Vratica – Kl. Mojstrovka ↗ 525 m, etwa 2 Std.;
Kl. Mojstrovka – Vršič, 721 m. Abstieg vom Gipfel zum Vršič etwa 1½ Std.

Schwierigkeiten:
Klettersteig mäßig ausgesetzt, doch gut gesichert, sonst problemlos.

Stimmungsvoller Mangart-Ausblick. Im Mittelgrund ragen die Felsfluchten der Mojstrovka aus den Wolken, dahinter erhebt sich die Škrlatica, links der Špik.

46 Prisojnik, 2547 m, durch das »Fenster«

Attraktion über dem Vršič-Paß

TOURISTISCHE ANGABEN

Ausgangspunkte:
Kranjska Gora, 810 m; Erjavčeva Koča, 1515 m; Tičarjev dom, 1620 m; Koča na Gozdu, 1226 m; alle an der Vršič-Paß-Straße.

Höhenunterschiede und Gehzeiten:
Erjavčeva Koča – Prisojnik ↗ 1032 m, 3–4 Std.

Schwierigkeiten:
Klettersteig zum Fenster teilweise sehr ausgesetzt und anstrengend, bei Schneelage oder Vereisung gefährlich, ebenso bei Nebel wegen schwieriger Orientierung abzuraten (schwach bez.). Kletterpfad oberhalb des Fensters viel einfacher, sehr gut bez. (bei Nebel notfalls Aufstieg über die empfohlene Abstiegsroute anzuraten).

„Okno — Fenster" ruft der junge Slowene, den wir auf der Fahrt von Kranjska Gora auf den Vršič-Paß mitgenommen haben. Von hier, von der zwölften Kehre auf der Nordseite des Passes, erblickten wir zum erstenmal im Gegenlicht des späten Nachmittags das riesige Loch in der Nordwand des Prisojnik. „Look, the window" rief ein rothaariger Ire seinen bärtigen Freunden zu, und da fiel mir auf, daß window — wörtlich „Windauge" — vielleicht noch der passendste Name für dieses Felsenloch wäre: Gerade noch blinzelte uns die Sonne freundlich zu, aber schon kurz darauf traf uns der böse Blick einer südseitig aufsteigenden, schwarzen Wolkenwand — Vorbote eines Nebelschleiers, der wenige Minuten später nach und nach den ganzen Grat in das düstere Grau eines aufziehenden Gewitters hüllte. Beim Versuch, den Verlauf der Führe im nebelfreien Teil der Wand ausfindig zu machen, erlebten wir eine weitere Überraschung: Aus der unteren Wandhälfte schaute ein riesiges menschliches Gesicht ins Tal — eine Laune der Natur, sich gerade hier eine dämonische Felsfratze aufzusetzen.

Das Fenster aber ist und bleibt das faszinierende zentrale Leitmotiv dieser schönen Klettersteig-Führe. Zwar vermittelte der erste Blick nur wenig von den wirklichen Größenordnungen, ließ aber dennoch ein großes Erlebnis ahnen.

Von der hochgelegenen Erjavčeva koča — einer Oase der Gastlichkeit — erreichten wir am nächsten Morgen schnell den steil aus den Karböden aufragenden Felsansatz. Bald waren wir mitten in der Wand. Da — das Felsgesicht direkt über uns; tiefschwarze Wasserrinnen überzogen wie verschmutzte Tränen das rätselhafte Antlitz, gaben ihm den Ausdruck versteinerter Trauer ... Leichte Stellen, Schrofengelände und kühne Klettersteigpartien führten abwechslungsreich und gut markiert durch den Fels. Besonders delikat waren zwei enge, fast senkrechte Kamine mit Doppelseilsicherung und Haken. Unvergeßlich aber blieb der berüchtigte, schräge Felsspalt im senkrechten Mittelabschnitt der Wand: Auf dem Bauch liegend mußten wir uns durch den engen, zum Tal offenen Felsschlupf schieben, der Boden ist von vielen bäuchlings robbenden Vorgängern schon ganz blankpoliert. Nur Überdünne mit Mini-Rucksack können hier ungeschoren durchkommen, der Rest muß wohl den Rucksack vor sich herschieben ... aber Vorsicht! Wem der Rucksack hier entgleitet, der kann ihn viele hundert Meter tiefer im Kar zusammenklauben!

Beeindruckende Klettersteigstelle im Anstieg auf den Prisojnik durch das „Fenster". Der Kletterer überwindet einen der beiden mit doppelter Seilsicherung gangbar gemachten Kamine.

Der weitere Aufstieg war verhältnismäßig harmlos und ließ die Spannung auf das langersehnte Felsloch wachsen. Bei einer aufgepinselten Höhenmarke — 2040 m — war es so weit: Ein heiserer Schrei des Vordermannes: „Das Fenster!" Ein gigantischer, schräg nach oben sich verengender Felstrichter, in der Mitte hoch wie ein Kirchturm und breit wie ein Zweifamilienhaus, am Trichterhals immer enger und

steiler; pfeifende Windstöße jagten Nebelfetzen aus der Südseite herüber. „Da ist ja das Lamstunnel ein Mauseloch dagegen!“ „Hier hätten ja beide Teufelslöcher vom Hochseiler Platz!“ „Ma è ancora piu grande del bus di Tofana!“, rief eine italienische Seilschaft hinter uns. Wenige Schritte bergab, dann arbeiteten wir uns durch eine Schlucht voll Lehm und Schutt immer höher in den Trichter empor, die Spuren führten geradewegs auf eine riesige, nasse Platte zu, glatt, steil und lang wie ein Kirchendach ... Hier wird es doch um Himmels willen ein paar Haken geben? Im schummrigen, modrigen Dunkel der Höhle entdeckten wir sie erst ganz zuletzt: Drahtseile und eiserne Trittbügel, sauber aufgefädelt wie Rosenkranzperlen führten sie über das Dach des „Kirchenschiffes“ empor ans Tageslicht der Südflanke ... Mit keuchendem Atem und flatterndem Herzschlag standen wir endlich oben — ein berauschender Tiefblick durch eines der gigantischsten Felslöcher der Alpen! Zwar waren wir noch lange nicht am Gipfel, aber dennoch fühlte jeder: Das war das eigentliche Ziel.

Anregende, leichte Kletterei am breiten Gratrücken, ein kurzes Seil und zwei Haken überwanden die einzigen Zweierstellen. Nach einem Vorgipfel fanden wir ein Stück flachen Promenadenweges vor, zuletzt wieder steileres Felsgelände, zum Teil in der Südflanke des Berges. Am Gipfel drehten sich wieder alle Gespräche um das „Okno“ — weltweite Vergleiche wurden angestellt, irgendein „rainbow arch“ in den USA soll noch größer sein, wußte ein Arzt aus Wien zu berichten ... Dichter Nebel zog auf, aber die einwandfreie Markierung führte uns sicher wieder hinab zum Fenster und jetzt erst erlebten wir die ganze Dämonie dieses nebelverhangenen Felsschlundes, aus dem uns von unten totenstill graues Nichts, endlose Leere entgegengähnten. „Sieht aus wie in einem Unterwasserfilm, wenn die Kameraleute in eine Höhle unter einem Korallenriff tauchen“ sagte jemand mit belegter Stimme. Besser kann man den Eindruck nicht schildern!

Neben seinen „schwachen Seiten“ (Westflanke) weist der Prisojnik nach Norden hin beachtliche Wandbildungen auf. Die Nordwestabstürze sind über 400 m hoch. Im Bild der sogenannte „Teufelspfeiler“, eine Kletterei, die teilweise den V. Schwierigkeitsgrad erreicht.

Prisojnik, 2547 m - Razor, 2601 m 47

Der Jubiläumsweg im Herzen der Julischen Alpen

Wer den Felsgang vom Prisojnik zum Razor angeht, hat in jedem Falle zwangsläufig schon einige Stunden Marsch hinter sich, in den meisten Fällen sogar den anspruchsvollen Klettersteig durch das „Große Fenster". Jeder, der durch dieses einzigartige Felstor gegangen ist, wird darauf brennen, das zweite „Okno" zu erleben. Kleiner soll es sein, im übrigen ganz anders, das war alles, was ich im Tal erfahren konnte. 1975 mußte ich mein Vorhaben, vom Vršič bis zum Razor zu gehen, am Prisojnik im Nebel aufgeben, 1976 war es endlich so weit: Am Gipfel des Prisank strahlendes Wetter — ich konnte weiter.

Ein Schotterpfad führte vom Gipfelaufbau hinab in eine steile, finstere Felsscharte, ein Doppelseil leitete sicher hinab in die Nordseite.

In der Nordostflanke ein gähnendes, schwarzes Loch, finster und kalt wie der Eingang zur Unterwelt. — Hier, an diesem „blinden Fenster", ging es erst so richtig los: Natürliche Felsbänder in der Nordflanke, über Jöcher und Scharten, über Rippen und Sporne hinweg, gute Sicherungen, wenig Höhenverluste, eine phantasievolle, elegante und abwechslungsreiche Route, nur mäßig ausgesetzt — ich meine, dieser Weg hält jeden Vergleich mit den klassischen Felsbändern der Brenta stand! Dabei stets herrliche Tiefblicke in die Nordabstürze, an jeder Scharte neue Ausblicke in die Südflanke — eine Vielfalt von stets wechselnden und überraschenden Eindrücken.

Die Stunden vergingen wie im Fluge, ich verfotografierte Film für Film. Aber — verflixt noch mal — das nächste Band schien es in sich zu haben — ein Kriechband, noch dazu ungesichert? Das durfte doch nicht wahr sein! Skeptisch eilte ich um den letzten Sporn herum — und blieb wie gebannt stehen — völlig überraschend war da das „zweite Fenster"! Das absolute Gegenteil des ersten; kein riesenhaftes Felsloch, in dem ein genialer Segelflieger seine Bravourstücke absolvieren könnte, eher ein feierliches Portal. Es führte aus der Nordflanke zunächst in eine geräumige Vorhalle.

Das blendende Gegenlicht der Südflanke fiel aus dem zweiten Felstor in schimmernden Bündeln auf eine Firnkuppe. Der Spitzbogen des zweiten Felsentores wurde von einem darüberliegenden, offenen Felsoval „entlastet" — die perfekte Vision einer mittelalterlichen Wehranlage! Fast andächtig durchschritten einige Wanderer die Szene, riesige Rucksäcke belebten die strengen Konturen. Schließlich löste ich mich von dem Felswunder, durchschritt auch das zweite Felsentor — der weitere „Weg" holte mich schlagartig aus den Traumbildern einer verfallenen Burg in die rauhe Wirklichkeit einer alpinen Führe zurück: Eine endlos lange, fast senkrechte Rinne lag unter mir, rechts und links ungangbare Wandabbrüche, vor mir die Silhouette der nächsten Bergkette, dazwischen ein tiefes Tal.

TOURISTISCHE ANGABEN

Ausgangs- und Stützpunkte: Kranjska Gora, 810 m; Erjavčeva Koča, 1515 m; Tičarjev dom, 1620 m; Koča na Gozdu, 1226 m; alle an der Vršič-Paß-Straße.

Höhenunterschiede und Gehzeiten: Erjavčeva Koča – Prisojnik ↗ 1032 m; 3–4 Std.; Prisojnik – Mlinarica ↘ 592 m; Mlinarica – Razor ↗ 646 m Gegenanstieg; Prisojnik – Razor etwa 5 Std.; vom Vršič über beide Gipfel zum Pogacnik dom 8–10 Std.; Rückweg Razor – Vršič etwa 3–4½ Std.

Schwierigkeiten: Wegabschnitt Vršič – Prisojnik siehe vorige Tour. Jubiläumsweg hochalpine, nur mäßig ausgesetzte Überschreitung, bei guten Bedingungen problemlos. Wegen der Länge des Weges und der Möglichkeit eines Wettersturzes muß die gesamte Überschreitung als ernstes Unternehmen gelten.

Prisojnik-Ausblick zum Razor. Beide Gipfel verbindet der großartige Jubiläumsweg, für den Normalbergsteiger bestimmt eine der lohnendsten Grattouren in den Julischen Alpen. Rechts des Razors der Gipfelaufbau des Triglavs.

Erstaunlich unschwierig leitete eine Doppelseilsicherung hinab in die Tiefe der Südflanke, weitere Steiganlagen führten bergab an den Felsfuß, immer bequemere Grasbänder verliefen schließlich in einem Wiesengelände, in dem das Edelweiß blühte — wie anderswo der Löwenzahn.

Aber noch war das Abenteuer nicht zu Ende — die gewaltige, klotzige Felsburg des Razor stieg mit ihren wuchtigen Felsmauern jäh aus dem Karschutt der gegenüberliegenden Hangseite — Herausforderung zum letzten Kräfteeinsatz. Ich verfolgte den schmalen Schotterpfad; immer drohender, abweisender, unzugänglicher starrte mir der Felsklotz entgegen. Doch der Schein trügte: Ein gemächlich ansteigendes Band, breit wie ein Mulipfad, querte in großem Bogen bis ins untere Wanddrittel.

Eine absteigende Felspartie führte in eine scheinbar ausweglose Felswildnis hinab — doch auch hier eine angenehme Überraschung. Einige wenige Klammern führten aus dem Felstobel über gemütliche, plattige Felspassagen mäßig steil in den breiten Schuttgürtel zwischen dem eigentlichen Gipfelaufbau und den darunterliegenden Wandabstürzen. Ein einfacher Pfad querte hinüber zum Joch im Südgrat, hier sah man, daß es „hinten herum" ebenso simpel weiterging. Doch auch in den letzten Abschnitten des Gipfelpfades war ich immer wieder überrascht, wie problemlos sich ein listig angelegter Steig auf die scheinbar unnahbarsten Zwingburgen hinaufschleichen kann . . . Am Gipfel verschlang ich den letzten Notproviant. Der Prisojnik schimmerte im verblassenden Nachmittagslicht in unwirklicher Ferne.

Der Razor, auf dem der Jubiläumsweg vom Prisojnik endet. In der Tiefe die Vršič-Paß-Straße.

Der Triglav, 2863 m

48

Auf den Spuren eines verschollenen Gottes

Triglav, zu deutsch wörtlich der Dreiköpfige – der Ursprung des rätselhaften Namens ist wohl in einem geheimnisumwitterten, altslawischen Götzenkult zu suchen. Drei Gründe machen es der Wissenschaft noch fast unmöglich, das Geheimnis dieses verschollenen, dreihäuptigen Gottes zu lüften: Die Slawen haben im allgemeinen – ganz im Gegensatz zu den Indern, Griechen und Italikern – ähnlich wie die Germanen ihre Götter nicht bildhaft dargestellt. Auch könnten bei der großen Verbreitung des Hekate-Kultes im römischen Reich Plastiken dieser dreiköpfigen, gespenstischen Göttin durch die Wirren der Völkerwanderung in slawische Gebiete verschlagen, hier umgedeutet und verehrt worden sein. Nach zeitgenössischen Berichten schließlich sollen während der Christianisierung zahlreiche dreiköpfige Götzenbilder zerstört worden sein: Als Fürst Pribislaw 1154 getauft wurde, befahl er, „seine dreiköpfige, unheilige und häßliche Maske" zu zerbrechen. Bischof Otto von Bamberg soll selbst in Stettin eine Triglav-Statue zerschlagen und das Haupt dem Papst zugesandt haben. Die drei Häupter dieser Statue sollen aus Gold gewesen sein, Augen und Lippen waren mit einem Schleier verhüllt. Die drei Häupter sollten die Herrschaft über Himmel, Erde und Unterwelt bedeuten, der Schleier aber habe das Antlitz bedeckt, damit der Gott die Sünden der Menschen nicht sehen müsse ... In solche Gedanken versunken fuhr ich bei sternklarer Nacht auf schmaler Schotterstraße das wildromantische Vratatal hinauf; immer wieder glitzerte das schäumende Wildwasser der Bistrica im Mondlicht auf, ein Rehrudel huschte vorbei, ein Fuchs sah ins volle Scheinwerferlicht, sein Augenhintergrund glühte feuerrot zurück ... Im Aljažev dom rasselten noch spät nachts Karabiner und Haken. Gedämpfte Stimmen nannten berühmte Nordwand-Führen, und ich erinnerte mich, daß die Triglav-Nordwand zu den gewaltigsten Felsmauern der Ostalpen zählt; 1896 erstmalig durchklettert, heute noch ein Mekka für Kletterer mit allen Schwierigkeitsgraden!

Der nächste Morgen begann wenige Minuten hinter der Hütte mit einem Eindruck von tiefer, landschaftlicher Dramatik: Abweisend, kalt, von grauen Nebelfetzen umschleiert, drei Kilometer breit, bis zum Gipfel fast 1500 Meter hoch, in mehrere Pfeiler gegliedert, so starrte mir die Nordwand entgegen. Vor dieser bedrückenden Felskulisse steht auf einem Felsklotz ein übermannshoher Mauerhaken mit eingehängtem Karabiner, Denkmal an gefallene Bergpartisanen ...

An dieser unverfehlbaren Stelle zweigt der Tominsek-Weg ab und führt zunächst durch Buchenwald über einen Wildbachgraben in die gebänderte Westflanke des Cmir empor. Ein mühsamer, unerfreulicher Anstieg zunächst, auf den Fels gemalte Höhenmarken – alle 100 Meter – künden vom Erfolg der Mühe und spornen weiter an. Oberhalb der Baumgrenze wird es luftiger. Drahtseile sicherten nun den Weg in der Wandflucht, der schräg aufwärts an Abgründen und Schluchten vorbeiführt, eine

TOURISTISCHE ANGABEN

Ausgangs- und Stützpunkte:
Mojstrana, 641 m; besser jedoch Aljažev dom, 1015 m, am Ende der 11 km langen Fahrstraße ins Vratatal; Triglavski dom, 2515 m, Sommerbew., 69 B, ggf. Dom Valentina Stanica pod Triglavom, 2332 m (Stanig-Haus), Sommerbew., 48 B, 30 M; Dom Planika pod Triglavom, 2048 m, Sommerbew., 24 B, 38 M.

Höhenunterschiede und Gehzeiten:
Aljažev dom – Triglavski dom ↗ 1500 m, 4–5 Std.; Triglavski dom – Triglav ↗ 348 m, 1¼ Std.

Schwierigkeiten:
Alle Anstiege von Norden zum Triglavski dom lang, mühselig, teilweise etwas luftig. Klettersteig zum Gipfel sehr gut gesichert und markiert, wenig ausgesetzt, unschwierig.

Der Triglav, höchster Gipfel in den Julischen Alpen, vom Razor. Links oben ein Teil des Triglav-Gletschers, darüber ein kleiner Abschnitt des Gipfelgrates, über den Anstieg 48 leitet. Ganz links das Triglav-Haus auf der Kredarica. Unter dem Gipfelaufbau führt das Kugy-Band über der senkrecht abfallenden, gewaltigen Nordwand entlang.

tiefe Rinne in der Wand quert und nach mühseligen drei Stunden zu einer Quelle am Fuße der senkrechten Westwand des Begunjski vrh leitet. Von Osten schlängelte sich der Prag-Weg zum traditionellen Rastplatz empor. Die Triglav-Nordwände zeigen im Profil, daß sie über große Strecken senkrecht in den Talboden abfallen. Das schlimmste Stück war nun vorbei. Über Geröll, Blöcke, zerklüftete Platten und Schneefelder führte die Markierung kurzweilig bis an den Fuß des Zeleni sneg, dem einzigen Gletscher auf jugoslawischem Gebiet. Am östlichen Rand des Firnfeldes leiteten Spuren hinauf auf den breiten Sattel vor dem Ostgrat, wo das Triglav-Haus zu einer wohlverdienten Brotzeit einlud. Erst die letzte Etappe, der Weg über den eisengespickten Ostgrat, brachte die eigentliche Erfüllung.

Vom fünfstündigen Aufstieg müde, näherte ich mich etwas bang dem jäh aus dem Sattel aufragenden Felsfuß; während die Südflanke noch im mittäglichen Sonnenlicht badete, hatten Wolken bereits die ganze Nordwand eingehüllt; oben am Grat zerrissen Wind und Sonne die in die Südseite hinüberschleichenden Nebelfetzen. Der Aufstieg erwies sich als harmlos, überraschend schnell und zügig gewann ich an Höhe, die reichlichen Eiseneinlagen leiteten einmal ausgiebig hinüber in die Südflanke, kehrten aber bald wieder auf den Grat zurück. Ein flaches Promenadestück im Gratverlauf – der runde Rücken des Kleinen Triglavs – dann bäumte sich die Gratschneide zum letzten Male steil auf. Wie ein Wanderer zwischen zwei Welten stieg ich zwischen sonnendurchfluteten Nebelfetzen dem Gipfel entgegen, immer heftiger von der Frage bewegt, wie lange wird das Wetter noch halten? Es reichte gerade noch für einen langen, wehmütigen Tiefblick in die Südflanke. Dann griff der Nebel mit häßlichen, grauen Fingern aus der Nordwand über die Grate hinüber und verbarg überraschend schnell den gesamten Gipfelstock. Ein nicht allzu fernes Donnergrollen ließ noch Schlimmeres ahnen. Ich besah mir noch schnell den merkwürdigen Gipfelturm; feuerrot gestrichen, alles aus massivem Stahlblech, ein kleines Türl führte in das beklemmend kleine, leere Gehäuse – ein perfekter Faradayscher Käfig. Sollte ich's ausprobieren und hier einem Gipfelgewitter trotzen? Heranrollende Donnersalven erschütterten mein Zutrauen in die Elektrotechnik immer mehr – bei allem Respekt vor meinem ehemaligen Physiklehrer suchte ich mein Heil doch lieber in der Flucht und eilte – zusammen mit größeren Gruppen von Gewitterfürchtigen – wieder den Grat hinab, zum rettenden Triglav-Haus, über die hervorragenden Sicherungen und Markierungen noch dankbarer als beim Aufstieg.

Als wir nach den Gewitterstunden wieder vor die Hüttentür traten, überraschte uns der Triglav mit einem winterlichen Make-up: der ganze Gipfelstock mit Neuschnee überzogen, an den Graten spielte der Wind mit Wolkenfetzen und Schneefahnen ...

Der östliche Teil der in diesem Bereich immerhin noch etwa 900 m hohen Nordwand des Triglavs. Ganz rechts der Slowenische Pfeiler, den der „Slowenische Weg" (leichtester der Triglav-Nordwanddurchstiege) berührt. Deutlich erkennt man im unteren Bildteil den von rechts nach links oben verlaufenden Prag-Weg, der zuletzt mit dem Tominsek-Weg zusammentrifft. Rechts oben, auf dem Grat, ist das Triglav-Haus zu erkennen. Von dort führt der Weiterweg zum Gipfel über den reichlich gesicherten Ostgrat. Diese Klettersteigstrecke hat dem Triglav, auf Grund der nahezu übertriebenen Sicherungen, den Scherznamen „Stachelschwein" eingebracht.

Kocna, 2539 m, Grintovec, 2558 m und Skuta, 2601 m

49

Das Herzstück der Steiner Alpen

Von der Aussichtskanzel des Schloßberges in Laibach erblickt man bei klarem Wetter im Norden, aus dem Dunst der slowenischen Ebene emporragend, die Silhouette eines Bergmassivs – die Steiner Alpen. Es soll sogar Klettersteige dort geben, sagte man mir und so beschloß ich, meinem Jugoslawienurlaub noch ein alpines Schlußlicht aufzusetzen.

In Kranj scherte ich von den Wohnwagenkolonnen aus und in Jezersko empfing mich der Hauch einer armen, aber unberührten, heilen Welt; die Schulkinder grüßten den Fremden, die Bedienung im einzigen Supermarkt suchte die besten Pfirsiche heraus. Nun ja, das wird wohl der Ausgleich für verschlampte Hütten und vergammelte Klettersteige sein, dachte ich und wanderte noch am selben Abend hinauf zur Česka koča. Jedoch – ein urgemütliches, altes Holzblockhaus, ein freundlicher, deutsch sprechender Wirt, serbische Bohnensuppe, Marillenknödel ... Welch angenehme Überraschung! Das Programm des nächsten Tages begann, wie so oft, mit einem endlosen Kar, auf einem fußballfeldgroßen Firnhang übten Jugendgruppen unermüdlich auf einer eng gesteckten Slalompiste, sogar ein improvisierter winziger Skilift mit umlaufendem Hanfseil war in Betrieb.

Der Klettersteig, der in der felsigen Westflanke des riesigen Kares emporzieht, ist sehr ausgesetzt, jedoch in bestem Zustand und führt über gut gesicherte Bänder empor zum romantischen, zinnengekrönten Felsjoch der Seeländer Scharte. Ein Haufen praller Rucksäcke in einer Felsnische machte mir zunächst einiges Kopfzerbrechen. Die Erklärung war schnell gefunden: Das Felsband auf dem Wege zur Kočna verengte sich bald bis auf eine „Kriechspur"; ich versuchte es trotzdem mit Rucksack, blieb hängen, robbte zurück, legte das hinderliche Ausrüstungsstück mit auf den Rucksackhaufen und zog mich nun durch die schmale Röhre.

Einige kurze, nur sparsam gesicherte Zweierstellen am Gipfelaufbau gaben dem ersten Abschnitt des Unternehmens eine pikante Note. Ganze Gruppen stempelten auf dem Gipfel eifrig ihre Tourenbücher. Als ausgesprochen delikates Klettersteigvergnügen erwies sich der luftige aber stets gut gesicherte Verbindungsgrat vom „Joch der abgelegten Rucksäcke" hinüber zum Hauptgipfel Grintovec, dem „Grindigen" oder „Krätzigen", wie die wörtliche Übersetzung lautet. Vielleicht haben die von Grasflecken durchsetzten Felsbänder und Schutthalden der Südflanke zu diesem betrüblichen Namen geführt. Eine höflichere Übersetzung bezeichnet den Berg als den „Grimmigen", wohl auch zu Unrecht, denn den Normalweg von Norden kann man – bei aller Höflichkeit – nur als Schotterpfad bezeichnen, einige wenige Eisenteilchen schmücken die einzige massive Felsplatte kurz vor dem Gipfel. Auch hier Buch, Stempel, Stempelkissen, Kugelschreiber ...

TOURISTISCHE ANGABEN

Ausgangs- und Stützpunkte:
Jezersko, 906 m; Česka koča, 1540 m, Unterkunft und Verpflegung.

Höhenunterschiede und Gehzeiten:
Jezersko – Česka koča ↗ 634 m; 4 Std.; bei Auffahrt auf der Fahrstraße $1^1/_2$ Std.; Česka koča – Grintovec ↗ 1018 m, 3 Std.; Česka koča – Skuta ↗ 992 m, 4 Std. Gesamtüberschreitung aller drei Gipfel von der Hütte bis zur Hütte etwa 8–10 Std.

Schwierigkeiten:
Sämtliche Klettersteige gut gesichert und nur mäßig exponiert, am luftigsten ist der Transversale Alpenweg zur Seeländer Scharte.

Hinweis:
Das spätgotische Sveti-Ožbolt-Kirchlein mit interessanten Rippengewölben und Freskenzyklen im Chor ist unbedingt sehenswert, von hier großartiger Rundblick auf die Steiner Alpen (Fahrweg, Schlüssel im benachbarten Bauernhof verlangen!)

Einsames Bergland Steiner Alpen: die Skuta von Süden.

Die folgenden Etappen waren wieder reinrassiger Klettersteig über Gratrücken und Felsbänder, durch Scharten und Rinnen, über Sporne und Zwischengipfel. Am Mlinarsko sedlo zieht aus der Nordwand der zweite Klettersteig zum Hauptkamm empor, unser geplanter Abstieg. Optisches Hauptmotiv waren jedoch nicht die zahlreichen Tiefblicke in die steilen Felsschluchten der Nordwände, sondern der immer faszinierendere Überblick auf die urweltliche Karstlandschaft der „podi" — Böden oder Tennen: Von Urkräften zerfetzte Karrenfelder, Gesteinsschichten, die sich senkrecht aufstellen und mit scharfen Kanten wie Granatsplitter zum Himmel ragen, dazwischen Trichter und Krater — ein Schlachtfeld ungebändigter Naturgewalten. Als noch Nebelschwaden die Szenerie überzogen, drängte sich mir das Bild eines sturmgepeitschten, grauen Morgens an der felsigen Steilküste der Bretagne auf: Felsen, an denen der heranrollende Atlantik aufklatscht, nur das Donnern der Brandung fehlte.

Dieses Bild begleitete mich auf dem ganzen Felsgrat des Dolgi hrbet, beinahe vergaß ich das abermalige Stempeln auf dem Zwischengipfel. Ein völlig neues Bauelement der Klettersteig-Technik findet sich in der letzten, tiefen Scharte vor dem Übergang zum Skuta-Stock: ein großer Holzprügel, quer zwischen die senkrechten Wände des überbreiten Kamins gespreizt, einfach, genial und billig. Mit Seitenblick in die gähnende Tiefe der Nordwand hantelte ich mich hinüber zum Seil, das über die steilen Felspartien eines Gratturmes bald in leichteres Gelände führt. Einem deutlichen Hinweis auf „voda" folgte ich vergeblich, obwohl es allenthalben in der Tiefe gluckerte; da fehlt mir wohl noch die nötige Pfadfinderpraxis im Karstgelände! Ein einfacher Steig über eine ausgetretene Schotterflanke, dann stand ich auf der Skuta, „der Einsamen", dem letzten Gipfel meines verlängerten Jugoslawien-Urlaubs. Ein älterer Wanderer grüßte, schrieb und stempelte. Als letztes Glied in der perfekten Klettersteigkette blieb noch der Abstieg vom Mlinarsko sedlo zur Hütte. Diesmal mußte ich das „Donnern der Brandung" nicht mehr missen — ein spätes Nachmittagsgewitter sorgte für Geräuschkulisse und fluchtartigen Abstieg ins Ungewisse einer Nordwand, die von der Hütte aus völlig ungangbar aussieht. Stets auf der Furcht vor einer bösen Überraschung lief ich an den tadellosen Markierungen entlang, die Bänder im schrofigen Gelände sind breit, die notwendigen Sicherungen tadellos, die verwickelte Führe nützte alle möglichen Passagen in der stark gegliederten und reichlich gestuften Wand. Das Gewitter entlud sich in Hagel und Graupelschauern, die Bänder waren in wenigen Minuten weiß, die Sicht reichte nur noch wenige Meter — und trotzdem kam ich auf diesem Abstieg ins Unbekannte niemals in Bedrängnis, so gewissenhaft ist der Steig angelegt und gewartet. Ausgekühlt erreichte ich die Hütte, bei dampfendem Tee mit reichlich Slibowitz erkundigte sich der Wirt bei dem weitgereisten Fremden, wo Kritik an den Sicherungen oder am Zustand der Wege zu üben sei. Beschämt vergrub ich meine allerletzten, typisch deutschen Vorurteile

Über teilweise ausgesetztes Felsgelände führt ein Klettersteig auf die Skuta, auf die „Einsame". Dieser Name ist bezeichnend: die Steiner Alpen sind nur wenigen deutschsprachigen Bergsteigern ein Begriff, obgleich sie dem Wanderer wie auch dem anspruchsvollen Kletterer eine Vielzahl von herrlichen Tourenmöglichkeiten bieten.

über slowenische Schlamperei, bekannte dem Wirt meine Gefühle „vorher" und „nachher". „Slowenen hier sind arm, können nicht weit reisen, lieben und pflegen darum ihre eigenen Berge, halten alles sauber, und auf Gipfel und Hütte sie schreiben und stempeln wie in Büro . . ." resümierte der gute Herbergsvater.

Vom Tal aus stieg ich noch einmal über die Wiesenwege des Gegenhanges zum einsamen Sveti-Ožbolt-Kirchlein hinauf. Die Luft war vom Gewitter gereinigt, in der späten Abendsonne erglühte das Panorama der Nordwände zwischen grollend abziehendem Gewölk. Ich blieb bis in die anbrechende Nacht, in den Anblick des Felsenkranzes versunken. Das warme Abendrot der Wände wich allmählich einem eiskalten Blaugrau, auch die Farbenpracht der Wolkenschleier zwischen den Gipfeln begann zu erlöschen.

Wie oft mag der unbekannte Baumeister, der das Kirchlein ausgerechnet hierher gesetzt hatte, vom Anblick dieser Berge begeistert gewesen sein, damals, vor 500 Jahren, als diese Felsenburg noch als unbezwingbar galt? Ich fuhr erst am nächsten Morgen heim. Am Seebergsattel, schon auf der österreichischen Seite, grüßte ein riesiger Christophorus von einer senkrechten Felswand — letzter Abschied von einer abgelegenen Bergwelt, für die man sich ruhig ein paar Urlaubstage aufheben sollte!

50

Hochweißstein, 2693 m, Via ferrata Sartor

Im vergessenen Karnischen Hauptkamm

TOURISTISCHE ANGABEN

Ausgangs- und Stützpunkte:
Cima di Sappada, 1290 m; Rifugio Sorgenti del Piave, 1820 m; Rifugio „P.F. Calvi".

Höhenunterschiede und Gehzeiten:
Cima di Sappada – Rifugio Sorgenti ↗ 530 m, 1½–2 Std.; Rifugio Sorgenti – Rifugio Calvi ↗ 347 m; Rifugio Calvi – Mte. Peralba, 526 m; Rifugio Sorgenti – Einstieg ½ Std.; Einstieg – Gipfel ¾ Std.; Abstieg zur Calvi-Hütte 1¼–1½ Std.

Schwierigkeiten:
Kurzer, aber nicht zu unterschätzender Kletterweg. Sehr gute, neue Drahtseilsicherungen. Selbstsicherung mit laufendem Karabiner unbedingt anzuraten. Steinschlag durch vorausgehende Seilschaften möglich – Steinschlaghelm empfehlenswert. Sehr rasch erreichbar, kurzer Zustieg.

Dreißig Berggipfel in Österreich, Jugoslawien und Italien wurden mit einem unsichtbaren Band verbunden: „Wege der Freundschaft" führen oft beschwerlich und ausgesetzt zu bekannten Punkten.

Der Hochweißstein (italienisch Monte Peralba), 2693 m, zählt ebenso zu dem illustren Gipfelkranz.

Ich kannte ihn vorher nicht. Dutzendgipfel in den Karnischen Alpen, Grenzberg zwischen Italien und Österreich – sonst nichts? Beim Aufstieg zum Rifugio Calvi, knapp unter der Ostwand des Hochweißsteins, Kavernen, Gräben, verrosteter Stacheldraht, Granatsplitter – Erinnerungen an das schwer umkämpfte Gebiet des ersten Weltkriegs!

Die italienischen Touristen scheinen davon wenig zu bemerken. Nur einzelne gingen abseits des Weges, schlüpften in verfallene Schächte, bestaunten in den Fels gehauene Laufgänge.

Man muß schon genau schauen, bis man den Monte Peralba auf einer Wanderkarte findet. Er ist kein Modeberg. Man erreicht Paularo, den Ausgangspunkt der Tour, über durchwegs asphaltierte aber manchmal enge Straßen vom Plöckenpaß oder vom Kreuzberg her. Ich war sehr froh, daß die Italiener von Paularo Richtung Norden einen wohl engen, aber doch befahrbaren Güterweg angelegt haben. Mühelos erreichte ich das 1820 Meter hohe Rifugio Sorgenti del Piave. Von dort verfolgte ich die roten Farbtupfen zum Rifugio Calvi. Am Wegesrand leuchtete die reiche Palette der südlichen Alpenflora: Knabenkraut, Stengelloser Enzian, Alpennelke, Alpenglockenblume. Schade, daß eine neue Aufschließungsstraße all die Pracht durchschneidet! Ein Vorteil wenigstens: Rasch kam ich zum frei stehenden Rifugio Calvi.

Nach dem obligatorischen Foto – mit wallender italienischer Flagge – nahm ich kurz die Hütte in Augenschein. Sauber, gut bewirtschaftet, sogar der Mittagstisch war schon gedeckt! Der leidlich Deutsch sprechende Hüttenwirt riet mir auf die Frage, welche Wege es auf den Hochweißstein gäbe, einen neuen, erst 1974 eröffneten Eisenweg zu gehen – er sei sehr leicht . . .

Dem Hüttenwirt vertrauend stieg ich den rot markierten Pfad bergan. Bald hatte ich den Einstieg zur Via ferrata Sartor erreicht. Über die erste Steilstufe hilft eine kurze Leiter – von nun an begleiteten straff gespannte Drahtseile, verblaßte Farbpunkte und zur Vorsicht mahnende Steinschlagspuren meinen steil emporziehenden Weg. Unglaublich! Die so unbezwingbar wirkende Hochweißstein-Südostwand wurde fast

spielerisch gemeistert. Doch Vorsicht! Mit dem Weg ist nicht zu spaßen. Lieber hätte ich meine Reepschnur mit Karabiner zur Selbstsicherung mitbringen sollen. Einige luftige Passagen erinnerten an die Grenzen des eigenen Könnens und Mutes.

Auf dem Gipfel reichte mir ein ehemaliger Gastarbeiter aus München eine Fruchtsaftflasche, ich teilte Apfelspalten aus — Brotzeit auf schicksalsschwerem Boden. Vor 60 Jahren sprengten unsere Vorfahren hier einander in die Luft.

Erst jetzt erkennt man die strategische Lage des Hochweißsteins — ringsum freier Ausblick: Triglav, Steiner Alpen, Karnische Hauptkette, Gailtaler Alpen. Noch im Abstieg konnte ich meinen Blick nicht von den scheinbar nahen Gipfeln wegreißen. Eine heikle, eiserfüllte Rinne forderte jedoch meine volle Konzentration. Am rechten Rand gelang der Abstieg zu einem großen Frühsommerschneefeld, das ich „abfahrend" meisterte.

Einige Touristen plagten sich über den folgenden Schuttabsatz hinauf. Da hatte ich es am Eisenweg leichter! Bald war die Grenze zwischen Österreich und Italien erreicht, rot-weiß-rote Pflöcke erleichterten die Routenwahl. Mit dem Blick zur überhängend abstürzenden Nordflanke des Hochweißsteins rastete ich bei einem Marterl. Laute Touristen schreckten mich auf. Die schon von der Grenze aus sichtbare Calvi-Hütte war in wenigen Minuten über Schneefelder und Steilgras erreicht. Ein Liter Teewasser half, meinen Durst zu stillen. Dabei ertappte ich mich, wie ich schon im Geiste bei der nächsten Gipfeltour war — ein Wunder? Der nächste Gipfel der „Wege der Freundschaft", der 2099 Meter hohe Creta Forata, stand in greifbarer Nähe — „nur" ein Tal lag dazwischen!

Der Hochweißstein von Nordosten, vom Hochalpljoch.

Anhang

Führer, in denen die Klettersteige der Ostalpen ausführlich beschrieben sind

Nördliche Kalkalpen (Seite 11—67):
Paul Werner, Klettersteigführer Nördliche Kalkalpen
Günther und Walther Flaig, Alpenvereinsführer Rätikon

Wiener Umgebung (Seite 68—81):
Hubert Walter, Kleiner Führer Admont-Gesäuse

Zentralalpen (Seite 82—97):
Liselotte Buchenauer, Alpenvereinsführer Ankogel- und Goldberggruppe
Hubert Peterka, Alpenvereinsführer Glockner- und Granatspitzgruppe
Dr. Heinrich Klier, Alpenvereinsführer Stubaier Alpen
Dr. Heinrich Klier, Alpenvereinsführer Zillertaler Alpen

Brenta, Dolomiten, Gardasee-Berge (Seite 98—163):
Hilde Frass, Die schönsten Klettersteige der Dolomiten

Julische Alpen, Steiner Alpen, Karnischer Hauptkamm (Seite 164—205):
Hellmut Schöner, Großer Führer durch die Julischen Alpen
Peter Holl, Alpenvereinsführer Karnischer Hauptkamm

Bild-Nachweise

Farbbilder: W. Fischer (Seite 10), F. Hauleitner (Seite 75, 78, 155), Foto Heimhuber (Seite 23), H. Höfler (Seite 38, 147, 163), E. Höhne (Seite 106), R. Löbl (Seite 51, 63, 103, 202), R. Rother (Seite 30, 43, 191), A. Schmidt (Seite 143), J. Schmidt (Seite 115), S. Schnürer (Seite 95, 98, 111, 123, 130, 150, 158), H. Wagner (Seite 70, 166, 183, 199), P. Werner (Seite 15, 19, 27, 35, 46, 54, 58, 66, 83, 86, 91, 171, 174, 178, 186), H. Wöckener (Seite 127, 135), F. Zengerle (Seite 195).

Schwarzweißbilder: G. Balzer (Seite 140), E. Baumann (Seite 48), W. End (Seite 45, 149, 204), W. Fischer (Seite 117), E. Fuchs-Hauffen (Seite 113), K. Gahr (Seite 57), T. Hanschke (Seite 156), F. Hauleitner (Seite 72, 81), Foto Heimhuber (Seite 17, 20), M. Heldwein (Seite 41), H. Höfler (Seite 37), R. Höfler (Seite 132, 136), E. Höhne (Seite 105, 180), K. Klarn (Seite 76), R. Löbl (Seite 69, 101, 185, 188), Photogrammetrie (Seite 28), A. Robert (Seite 121), S. Schnürer (Seite 88, 97), D. Seibert (Seite 25), H. Steinbichler (Seite 33), H. Wagner (Seite 173, 176, 196), P. Werner (Seite 53, 61, 64, 84), J. Winkler (Seite 124), H. Wunderle (Seite 193), G. Zwerger (Seite 144).

Register

10 Watzmanngrat
14 Hoher Dachstein
Hochseiler
11
12 Hochkönig
24 Hoher Tenn
25 Detmolder Steiganlage
50 Via ferrata Sartor
Rindeneggsteig
40
Via Italiana
43
44 Strug
Prisojnik
46 Jubiläum
47
48
42
Sentiero attrezzato di Anita Goitan
Kleine Mojstrovka
45
41
Via Divisione Julia